W0375273

Hinrich C. G. Westphal
Schick deine leisen Boten

Das Buch
Das Begleitbuch für die Weihnachtszeit: Hinrich C. G. Westphal erzählt Geschichten für die Zeit von Advent bis Heilige Drei Könige – der Zeit der Erwartung und Erfüllung, der Dunkelheit und des Lichts. Westphals Texte nehmen Weihnachten ernst und sind doch locker. Und sie wissen viel von der Freude und der Hoffnung.

Der Autor
Hinrich C. G. Westphal, geb. 1944, Pastor und Journalist. Er ist Gründer und langjähriger Leiter des Vereins „Andere Zeiten e.V.", der den erfolgreichen Adventskalender „Der Andere Advent" herausgibt.

Hinrich C. G. Westphal

SCHICK DEINE LEISEN BOTEN

Die besondere Zeit von Advent bis Heilige Drei Könige

HERDER

FREIBURG · BASEL · WIEN

Inhalt

Liebe Leserin, lieber Leser,

nun versuche ich schon vierzig Winter lang, Weihnachten zu buchstabieren, in Zeitungen wie dem „Hamburger Abendblatt", in Büchern, in Tagebüchern oder in dem Kalender „Der andere Advent". Und doch ist es mir immer noch nicht gelungen, die Faszination dieser Zeit zwischen Advent und Epiphanias ganz zu erfassen. Wahrscheinlich braucht man mehr als ein ganzes Leben, das tiefere Geheimnis dieser Wochen zu ergründen.

Das erste Christfest hat Spuren hinterlassen, für deren Entdeckung wir immer wieder viel Zeit und Stille brauchen. Es sind die Spuren einer Sehnsucht und einer Liebe, die uns auf den großen, ewigen Advent hinweisen wollen. Ich würde mich freuen, wenn Sie mich bei meiner Spurensuche begleiten würden.

Kann sein, dass Ihnen ein Gedicht oder eine Geschichte bekannt vorkommt oder weniger zusagt. Dann wenden Sie sich getrost einem anderen Text zu. Wenn die eine oder andere Zeile Ihnen einen Anstoß gäbe, Ihrer Sehnsucht nach Geborgenheit und Hoffnung zu folgen, dann wäre ich froh.
Da ich in Hamburg wohne und viele Texte persönlich sind, fallen auch manche Betrachtungen norddeutsch oder gar maritim aus. Ich hoffe, Sie stören sich nicht daran, sondern können sich mit mir darüber freuen, dass die Kunde vom Christkind sogar den hohen Norden erreicht hat.

Ich wünsche Ihnen eine gesegnete Advents- und Weihnachtszeit!

Hinrich C. G. Westphal

Hoffnung für Lachende und Weinende

Advent

Alles hat seine Zeit

„Mama, wir gucken da gar nicht hin“, sagte Jan, „sonst verderben wir uns die ganze Vorfreude.“
Und er zog seine Mutter von den Türmen voller Marzipankugeln und Christstollen weg. Ziemlich reif für einen Neunjährigen, aber offenbar hatte er schon etwas mitbekommen von der Spannung und den Höhepunkten, die uns die Feste des Kirchenjahres erst richtig genießen lassen.
Wer das begriffen hat, weiß, dass Ostern nicht im Januar anfängt, und die Vorweihnachtszeit nicht im August, wenn die Weihnachtsmänner bereits in die Regale der Kaufhäuser einrücken. Nein: Jedes Ding hat seine Zeit. „Advent ist im Dezember“ heißt eine gesellschaftskritische Initiative der evangelischen Kirche und sie hat recht: Es ist gut, sich auf diesen heilsamen Rhythmus einzulassen und

zu spüren, was jeweils dran ist.
In den Novemberwochen ist
Buße und Erinnern dran, weil
es einen Ort braucht in unserem
Leben und in unserem Jahr.
Es mit Halloweengrusel oder
Marzipankugeln zu überspringen ist
ungesund, es gemeinsam zu feiern
und zu bedenken, kann tiefgründig
und tröstend sein.
Darum werden am Totensonntag
in den evangelischen Kirchen die
Namen derer verlesen, die wir
seit November letzten Jahres zu
betrauern haben, aber auch die
schon länger Verstorbenen sind in die
Erinnerung eingeschlossen: So denke
ich an meine früh gestorbene Mutter
und den plötzlich entschlafenen
Vater und daran, dass niemand
mehr da ist, der einem liebevoll über
den Kopf streichen und sagen kann:
mein Kind. Stattdessen rücken wir
unweigerlich vor in die Reihe derer,
die nach Menschenermessen als

Nächste abgerufen werden. Das zu wissen, macht vieles nebensächlicher, manches aber auch wichtiger. Auch darum brauchen wir dieses Fest der Erinnerung, der Gebete und der Hoffnung: einen Tag, der Gott sei Dank nicht nur Totensonntag, sondern auch Ewigkeitssonntag heißt. Dann erst endet das Kirchenjahr, nachdenklicher und leiser als das beknallte, feuchtfröhliche, funkensprühende Silvester. Dann, erst dann beginnt der Advent und die Freude über sein verwandelndes Licht.

Advent

Rettung im Advent

27. November, 6 Uhr morgens
Von Tönning laufen einige Fischkutter aus, im Eiderfahrwasser, mit dem Strom. Sie wollen auf Krabbenfang. Unter ihnen die 18 Meter lange „Süderoog“, der Kutter mit dem blauen Eichrumpf und dem gelben Mast. Drei Mann Besatzung zählt die „Süderoog“: den Eigner Olaf Bönisch, seinen Bruder Dirk und den jungen Helfer Thomas. Schiffsführer Olaf steht am Ruder. Das gleichmäßige Tuckern des Motors und das Schreien der Möwen sind die einzigen Geräusche ringsum. Der Wind kommt von Südwest, die Lufttemperatur liegt bei sechs Grad, die Sicht ist mäßig: In 200 Meter Entfernung liegt dichter Nebel über dem Wasser. Gestern hatte Bönisch Geburtstag, seinen 30. Doch richtig feiern will man erst am Wochenende, seine Frau Ute ist mit

den Vorbereitungen beschäftigt, die Töchter Anne (3) und Nele (5) freuen sich schon.
Alle Geräte funktionieren störungsfrei, nur die Kartenlampe flackert gelegentlich leicht. Im Vortrapptief, westlich von Amrum, setzen die Fischer zum ersten Mal ihre Netze aus.
Nachmittags stößt die „Glückauf" zu ihnen, ihr Schiffsführer Thomas Semrau stammt ebenfalls aus dem Heimathafen Tönning. Man lief schon des Öfteren zusammen aus, fischt nun im Abstand von zwei bis drei Seemeilen, hat immer wieder Sicht- und Funkkontakt. Doch ab Donnerstagnachmittag bekommt Skipper Semrau keine Verbindung zu Bönisch mehr, keinen Sichtkontakt, keinen Funkspruch, nur bedrohliche Stille. Er macht sich auf den Heimweg zum Eidersperrwerk, nach dem Einlaufen informiert er Ute Bönisch. Freitagabend wird er der

Seenotleitzentrale in Bremen melden: Die „Süderoog“ ist seit 24 Stunden überfällig.

28. November, 16 Uhr
Die „Süderoog“ liegt auf westlichem Kurs, drei Seemeilen von Sylt entfernt. Olaf Bönisch steht am Ruder, die anderen beiden schlafen, so gut es eben geht. Plötzlich nimmt der Schiffsführer Brandgeruch wahr. Es ist Kunststoff, der da irgendwo achtern schmort. Dann sieht er Dunst im Maschinenraum und hinten, aus der Sicherungsecke, einen hellen Schimmer. Sofort weckt er seinen Bruder, gemeinsam laufen sie um das Ruderhaus zum Maschinenschott, und da sehen sie's: Der Sicherungskasten brennt, Funken sprühen ihnen entgegen. Sie wecken den Jungen, gemeinsam setzen sie Feuerlöscher ein, doch ohne Erfolg. Flammen schlagen durchs Deck und setzen das Ruderhaus in Brand. Die

Stromversorgung bricht zusammen, der Funk fällt aus. Vergeblich versuchen die Männer, den Brand mit Wassereimern zu bekämpfen. Der Skipper lässt die aufblasbare Rettungsinsel klarmachen, Glasscheiben platzen, der Holzrumpf brennt lichterloh, jetzt schon gefährlich nah am Kraftstofftank. Auf der Flucht in die Rettungsinsel greift Olaf Bönisch noch den auf dem kühlen Vorschiff extra gelagerten Proviant: zwei Liter Milch, ein Brot, ein halbes Pfund Butter und zwei abgelaufene Joghurt. Er nimmt alles mit auf die Insel, die durch eine lange Leine mit dem Kutter verbunden ist. Als aber die Rauchentwicklung immer stärker wird, muss auch diese gekappt werden. Die Insel treibt ab, hinter der Nebelwand sind Explosionen zu hören. Einige Fischkisten, angebranntes Holz und zersplitterte Planken zeugen vom Ende des Kutters „Süderoog".

29. November bis 1. Dezember
Irgendwo auf See zwischen Amrum-Bank und Jütland. Der Wind hat auf Süd-Ost gedreht. Strömung und Drift treiben die Schiffbrüchigen mit einer Geschwindigkeit von ca. zwei Seemeilen von der Küste weg. Vor den nordfriesischen Inseln herrscht 50 bis 60 Meter Sichtweite. Manchmal reißt die Nebeldecke auf, dann sind die Positionslichter von Schiffen zu sehen. Die Fischer feuern Leuchtraketen ab und entzünden Handfackeln, aber niemand reagiert. Anfangs paddeln zwei Mann abwechselnd. Sie meinen, in unmittelbarer Nähe eine Heultonne zu hören, doch dann merken sie: Es ist nur der Wind, der durch die Löcher des Paddels pfeift, da lassen sie's sein. Sie reden kaum miteinander, beschäftigt sind sie oder in sich gekehrt.
Man kann sich ja nicht vorstellen, dass man plötzlich kurz vor dem

Ende steht, dass man selbst nie mehr nach Hause kommen soll ... Manch Stoßgebet wird zum Himmel geschickt, der Kapitän bedenkt sein Leben. Man war ja so sehr mit Geldverdienen beschäftigt, mit dem Existenzaufbau, dass vieles in den Hintergrund trat: die Familie, die Kinder, die Zeit zum Leben ... Manches sollte anders werden, wenn man noch eine Chance bekäme ... Bewusster würde man leben, ruhiger ... Viele gute Vorsätze entstehen auf der Rettungsinsel ... Aber je schwächer die Männer werden, desto hoffnungsloser sind sie. Die Anfälle von Depressionen werden häufiger. Manchmal hören sie Motorengeräusche aus der Ferne, die See ist hellhörig wie ein großes Ohr. Dann breitet sich wieder diese unheimliche, lähmende Stille aus, untermalt vom Schlagen der Wellen. Nur die dünne Haut der Rettungsinsel liegt zwischen Leben und Tod, und die nasse Kälte der Nordsee frisst sich von Stunde zu Stunde spürbarer in die Glieder. Der Tod naht langsam und unerbittlich. Der Proviant geht zur Neige, nur eine Tasse Milch ist ihnen geblieben. In der dritten Nacht sieht der Bruder des Schiffers in weiter Ferne die Lichter eines großen Fahrzeugs, er glaubt nicht mehr, dass es auf sie zukommen wird. Aber irgendwann nach Mitternacht schrecken sie auf, das Schiff ist in der Nähe. Sie zünden die letzte Handfackel.

30. November, 22 Uhr
Der dänische Frachter „Tor Caledonia" verlässt Esbjerg in südwestlicher Richtung. Ein ungewöhnlicher Kurs für das 14 000-Bruttoregistertonnen-Schiff der Skandinavian Seaways. Normalerweise kreuzt die Ro-Ro-Fähre zwischen dem britischen Nordseehafen Immingham, Göteborg

und Rotterdam. Diesmal wurde sie umgeleitet, um 6000 Christbäume von Esbjerg nach Harwich zu bringen. Das Schiff macht 15 Knoten, man hat es eilig. In zwei Stunden beginnt der Advent.

1. Dezember, 15 Minuten nach Mitternacht
Der wachhabende Offizier Soeren Torbensen entdeckt ein rotes Seenotlicht, etwa eine Meile voraus. Er gibt sofort Alarm und lässt das Schiff stoppen. Der Suchscheinwerfer erfasst eine Rettungsinsel, deren Position zugleich an Blaavand Radio durchgegeben wird. Die „Tor Caledonia" nähert sich der Insel bis auf 50 Meter und lässt ein Rettungsboot zu Wasser.

1. Dezember, 0.40 Uhr
Die Schiffbrüchigen werden an Bord geholt, nach 55 Stunden, sehr nass, verfroren und erschöpft. Sie sind überwältigt von der Herzlichkeit und

Hilfsbereitschaft der Dänen. Warmes Essen, ein heißes Bad, passende Kleidung – langsam kehrt das Leben zurück. Kapitän Henning Madsen sagt: „Es war Zufall, dass wir sie entdeckten. Stunden später hätte es keine Hoffnung mehr gegeben."

Advent

Ein Wagenrad aus Hamburg

Freitag vor dem ersten Advent: „Hast du schon einen Adventskranz?“, fragte mich meine Stuttgarter Schwester am Telefon. „Nein, darum wollte ich mich morgen kümmern. Und du?“ „Die Kerzen habe ich schon, aber das Tannengrün will ich mir noch selber zu einem Kranz binden.“ „Weißt du eigentlich, dass der Adventskranz ursprünglich aus Hamburg kommt?“, fragte ich, aber sie hatte keine Ahnung. So erzählte ich ihr von dem norddeutschen Theologen Johann Hinrich Wichern. Der gründete 1833 das „Rauhe Haus“ im Hamburger Stadtteil Horn, wo er schwer erziehbare Kinder und Jugendliche aus armen Familien betreute. Am ersten Advent hängte er in ihren Versammlungssaal einen wagenradgroßen Holzkranz, bestückt mit über 20 Kerzen: vier großen

weißen für die Sonntage und vielen kleinen roten, für jeden Wochentag eine. Das war er, der erste Adventskranz der Welt, erfunden von einem 31-jährigen Hamburger. Später verzierten die Rauhhäusler ihren Kranz mit grünen Zweigen, dem Symbol für das Leben.
Wichern selber hat die Wirkung seines Kranzes beschrieben: „Auf dem Kronleuchter des Betsaals mehrt sich täglich die Zahl der Lichter, die der Zahl der Adventstage entsprechen, bis am Schluss des Advents die ganze Lichterkrone strahlt und immer heller widerstrahlt in den Herzen der Kinder."
Heute, fast 180 Jahre später, hat sich der Kranz deutlich verändert. Wir beschränken uns auf vier Kerzen für die Adventssonntage. Das hat vor allem praktische Gründe: Wer kann schon ein riesiges Wagenrad mit über 20 Kerzen in seine Wohnung hängen?

Unsere Kränze sind kleiner geworden, aber ihre Botschaft bleibt dieselbe: Die Lichter wollen die Geburt des Christkindes ankündigen, das als Licht der Welt in unsere Herzen und Häuser einziehen will.

Advent

Der stille Jahreswechsel

Ich weiß nicht, ob es klappen wird, aber wir wollen es versuchen: Mit ein paar Freundinnen und Freunden wollen wir am heutigen Abend den Jahreswechsel feiern. Jahreswechsel? Heute? Ich weiß, der offizielle Jahreswechsel findet wie immer am 31. Dezember statt. Da wird er meist laut, Funken sprühend und hoffentlich fröhlich gefeiert. Aber daneben gibt es den leisen, nachdenklichen Wechsel des Kirchenjahres, und den wollen wir heute Abend begehen.

Noch vor sechs Uhr abends treffen wir uns auf dem Ottensener Kirchhof direkt neben der viel befahrenen Elbchaussee. Hinter uns die Elbe und der laute Containerhafen, der weder Nachtruhe noch Feiertage kennt. Von dieser hektischen Umgebung tauchen wir ein in die Stille des Friedhofs, treffen uns am

Stein des Dichters Friedrich Gottlieb Klopstock, der hier 1803 begraben wurde. In einem seiner Verse heißt es:

Herr, du wollest uns bereiten
Zu deines Mahles Seligkeiten;
Sei mitten unter uns, O Gott!

Wir zünden Laternen an, erinnern an unsere Vorausgegangenen und an das „Lehre uns bedenken, dass wir sterben müssen, auf dass wir klug werden". Wir nehmen Abschied von dem, was war, denn nun soll etwas Neues beginnen.
Wir wollen das Licht und die Hoffnung auf das Kommen des Christkindes zwischen die Gräber tragen, horchend und wartend, bis die Glocken den ersten Advent einläuten. Dann öffnen wir die Kirchentüren und ziehen singend in das Gotteshaus ein:

Macht hoch die Tür, die Tor macht weit,
es kommt der Herr der Herrlichkeit.

Heute Abend werden wir keinen festlichen Gottesdienst feiern. Wir schweigen zusammen, hören die biblischen Verheißungen und eine Flöte, lassen unsere Sehnsucht und Vorfreude wach werden.
Danach tragen wir das Licht an der Elbe entlang, nehmen es mit in ein Haus, in dem schon der Tisch gedeckt ist. Keine große Party soll es werden, nur ein gemeinsames Essen und viel Zeit zum Reden: über Erinnerungen, Glauben und Freundschaft, über das, was uns geprägt hat und trägt. So kann der Advent beginnen.

Advent

Die Seele geht zu Fuß

„Sie sehen ja, das Wartezimmer ist voll“, klagte mein Arzt, „auch mein Terminkalender. Zeit für mich selbst und für meine Familie habe ich nicht.“ Ebenso fühlen sich Hausfrauen und Geschäftsleute in diesen Wochen belastet, selbst Seelsorger hasten von einer Besinnung zur nächsten. Die Zeit läuft schneller, Hektik und Gereiztheiten nehmen zu. Und so ist der Advent manchmal vorbei, ehe er in unseren Seelen wirklich angekommen ist. Das ist schade. Darum will ich meine Zeit ab heute entschleunigen.

Schon am Morgen fängt es an: Beginne ich ihn bereits mit Verspätung, mit einer Tasse Kaffee im Stehen und mit wehendem Mantel, verläuft auch der übrige Tag hektisch und ungeordnet. Gönne ich mir aber eine adventliche

Pause, eine ruhige Viertelstunde mit Kerze, meditativer Lektüre und einem Gebet, dann stimmt es mich und meine Umgebung auch für den übrigen Tag entspannter und gelassener.
Meine Fortbewegung mit S-Bahn und Taxi ist eintönig und ungesund. Als es gestern Abend vorübergehend kein Taxi gab, bin ich einfach mal zu Fuß gegangen, in aller Ruhe.
In den Fenstern sah ich Zweige und Lichter, nie schimmern sie intensiver und einladender durch die Scheiben als jetzt. Es gab so viel zu sehen, zu riechen und nachzudenken, dass ich nach einer halben Stunde beglückt und entspannt zu Hause ankam.
Unsere Seele geht immer zu Fuß, und unsere Zeit verstreicht langsamer und erfüllter, wenn wir aus Gewohntem aussteigen und die Welt mit anderen Augen sehen.
Auch mein Verhältnis zum Zeitfresser Fernsehen will ich

verändern. Wegkommen vom selbstverständlichen Einschalten, dem bleiernen Einschlafen vor dem Kasten. Stattdessen gewinne ich stille nachdenkliche Abende für Lichter, Musik, Gespräche, einen ruhigeren Schlaf und ein zufriedenes Aufwachen.
Ich bemühe mich, in dieser Zeit der Ankunft erwartungsvoller und aufnahmebereiter zu sein. Letzten Endes hängt es aber nicht an unseren Vorsätzen, sondern an dem, was Gott aus uns macht. Darum singe oder bete ich gern:

Ach mache du mich Armen
zu dieser heilgen Zeit
aus Güte und Erbarmen,
Herr Jesu, selbst bereit.
Zieh in mein Herz hinein
vom Stall und von der Krippen,
so werden Herz und Lippen
dir allzeit dankbar sein.

Advent

Der ist arm dran

Am 4. Dezember hatte mein Professor Geburtstag. Weil ich eingeladen war, suchte ich ein passendes Geschenk aus. „Nun hätte ich beinahe Weihnachtspapier genommen", sagte die Verkäuferin, als sie mir das Geburtstagsgeschenk einpackte. „Macht nichts", beruhigte ich sie, „eigentlich ist Weihnachten ja auch ein Geburtstag." „Da haben Sie recht", bestätigte sie mich, „das kommt vor." „Ich meine", versuchte ich es noch einmal:" „Heiligabend feiern wir doch tatsächlich einen Geburtstag." „Ja", beteuerte sie, „das gibt es wirklich, dass jemand an Heiligabend Geburtstag hat. Aber wissen Sie: eigentlich ist derjenige doch arm dran!"
Da nahm ich mein Geburtstagsgeschenk und ging davon. Eigentlich hatte sie ja recht. So oder so.

Advent

Nikolaus

eigentlich
könnte es uns egal sein
dass einst der bischof
einer hungernden hafenstadt
kinder mit essen versorgte
aber es ist die erinnerung an
ängste und träume
schiffe und sehnsucht
beten und wunder
die uns diese geschichte
gerade im advent
nächtens und liebevoll
vor die tür und
in die schuhe schiebt

Wir sind unverwechselbar

Morgens, wenn der Deckel meines Briefkastens klappert, gehe ich erwartungsvoll zur Tür. Postwurfsendungen enttäuschen mich. Briefe, auf denen mein Name steht, steigern die Spannung. Will einer etwas von mir persönlich, oder ist es nur eine Rechnung?
Der Umschlag, den ich gestern in den Händen hielt, wirkte aufwendig und exklusiv. Drinnen tat jemand sehr wichtig: „Sehr geehrter Herr Westphal", meinte er, „heute schreibe ich Ihnen persönlich im Auftrag der Süddeutschen Klassenlotterie. In einem strengen internen Auswahlverfahren wurden Sie ausgewählt, einen nummerierten ‚Berechtigungs-Ausweis' und eine beglaubigte ‚Abruf-Urkunde' zu erhalten. Beides finden Sie beiliegend in Ihrer Dokumenten-Mappe."
Tatsächlich fand ich einen Ausweis,

eine Urkunde und ähnliche kostspielige Mätzchen mit meiner Adresse und meinem Namen.
Nur, um mir vorzugaukeln, der nächste Millionär würde Hinrich Westphal heißen. Auch schicken mir gemeinnützige Vereine gerade im Advent Spendenbriefe, in denen gedruckte Adressaufkleber mit meinem Namen und meiner Adresse liegen. Ich mag das nicht.
Ich spende meistens gern, aber ich habe niemandem die Zustimmung gegeben, meinen Namen für seine Zwecke zu benutzen. Sie haben meine Adresse irgendwo gekauft, um den Anschein zu erwecken, ihre Werbung sei nicht anonym. Doch ich bin weder dumm noch interessiert. Stattdessen ist es mir sehr wichtig, persönlich angeredet und wirklich gemeint zu sein.
So lege ich Wert darauf, dass mich meine Freundinnen und Freunde mit meinen Eigenheiten mögen. Ebenso

glaube ich, dass mir meine Taufe ganz allein galt, dass ich vor Gott unverwechselbar bin. Auch vertraue ich auf Gottes tröstliche Zusage: „Ich habe dich bei deinem Namen gerufen, du bist mein." Werbungen aber, die so tun, als seien sie an meiner Person interessiert, können mir gestohlen bleiben.

Vom Licht verwandelt

„Nun schau'n Sie sich diesen Wahnsinn an!“, stöhnte mein Taxifahrer und vergrub seinen Kopf hinter dem Steuerrad. Nichts ging mehr auf der Rothenbaumchaussee, als wir gegen Feierabend nach Hause fuhren. Vor allem in Richtung Innenstadt drängte sich Stoßstange an Stoßstange, die Fahrer reagierten hektisch und aggressiv. Hamburg kann anstrengend, laut und grell sein, in diesen angeblich besinnlichen Tagen. Ich musste lächeln: Ein Verkehrschaos in Hamburg, weil vor 2000 Jahren im Heiligen Land ein Kind geboren wurde! Ich will mich darum nicht von dieser Hektik anstecken lassen.

Wenn ich in der Dämmerung nach Hause komme, mache ich gar nicht erst Licht. Stattdessen lasse ich Mantel und Tasche im Flur fallen, gehe geradewegs ins

Wohnzimmer und sinke erleichtert in meinen Sessel. Jetzt brauche ich keine Lampe, kein Fernsehen, kein Telefon. Ich möchte nur einmal in Ruhe durchatmen.
Allmählich erkenne ich die Schatten der Möbel, die Umrisse des Fensters, den Baum vor dem Haus. Das Schweigen einatmen, die Dunkelheit aushalten.
Durch das Fenster sehe ich Nachbarn vorbeihasten, schwer beladen mit Einkaufstüten, viele auch mit Sorgen. In diesen Wochen habe ich das Leid einiger Menschen mitzutragen. Trennung, Arbeitslosigkeit und Schmerzen hören ja nicht auf, nur weil Advent ist. Ich versuche loszulassen und zu entspannen.
Irgendwann zünde ich zwei Kerzen an und sehe zu, wie ihr Licht allmählich den Raum verwandelt. Die Schatten fallen weicher, alles sieht wärmer aus, freundlicher. Adventskerzen als Symbol: Hoffnung

auf das ewige Licht, das in unsere Welt kam. In unseren Kirchen werden wir davon singen:

Das ewig Licht geht da herein,
gibt der Welt ein' neuen Schein;
es leucht' wohl mitten in der Nacht
und uns zu Lichtes Kindern macht.

Das ist es doch, was wir jetzt brauchen: dass wir uns von dem tröstenden Schein des Advents verwandeln lassen und sein liebevolles Licht an andere weitergeben.

Advent

Die Kerze

ihre strahlen
tasten zarter
als das fahle licht
der lampen diese
hohle welt zerlegt
ihre schatten fallen weicher

schimmernd
trägt sie ihre flamme
ihre schlanke in das dunkel
einen kleinen neuen tag
wie die hoffnung auf die sonne

ob wohl
besinnung ihr name ist
denn sie sammelt die gedanken
schließt sie ein in ihre helle
lässt uns ihre stille ahnen
schimmert in dem schweigen worte
dem der sie zu lesen sucht

ihre milde
leuchtet ankunft
wie ein strahlender prophet
so als wäre ihr des engels
freudenbotschaft anvertraut
wäre leise ihr gesungen
und sie lächelte
dafür

Ich will euch trösten

Nein, ich werde den Advent 1961 nicht vergessen. Damals war ich ein Jugendlicher, gerade 17 geworden. Wir freuten uns auf die Vorweihnachtszeit, meine Geschwister und ich. Doch dann, ganz plötzlich, starb unsere Mutter. Auf einmal spielten die üblichen adventlichen Stimmungen und Wünsche keine Rolle mehr, sie waren uns egal. Ich stand an ihrem Sarg und dachte: Jetzt wird es nie wieder Weihnachten!
Wichtig wurden mir damals aber biblische Zusagen wie „Ich will euch trösten, wie einen seine Mutter tröstet“. Glaubwürdig wurden Adventschoräle wie „Mit Ernst, o Menschenkinder“, „Wie soll ich dich empfangen“ oder „Die Nacht ist vorgedrungen“, sie sprechen gerade Trauernde an.
Seit jener Zeit habe ich ein tieferes,

inniges Verhältnis zu Advent und Weihnachten entwickelt. Mag sein, dass ich deshalb die üblichen Klagen über Leere und Lautstärke dieser Zeit für mich nicht mehr nachsprechen kann.
Jene aufgesetzten, oberflächlichen Gefühle liegen ja nicht in dem Fest begründet, sondern allenfalls in unserer Art zu konsumieren und zu feiern.
Sobald wir ernsthaft auf das hören, was als tröstende und Mut machende Botschaft hinter diesen Tagen steckt, erledigen sich viele überflüssige Verzierungen von selbst.
Darum ist es gut, die Wurzeln des Christfestes wieder zu entdecken.
Auf dem Grab unserer Mutter steht ein Kreuz mit der Aufschrift: „Komm, o mein Heiland Jesu Christ!" – auch dies aus einem Adventslied. Es erinnert mich: Advent meint mehr als äußere Vorbereitungen auf drei – hoffentlich

schöne – Festtage. Die Adventslichter wollen vielmehr auf eine Hoffnung hinweisen, die für Lachende und Weinende, für Feiernde und Trauernde gleichermaßen gilt. Diese Hoffnung hat am Geburtstag des Jesus von Nazareth ihren Anfang genommen.

Advent

Der Dieb und der Engel

Ich höre schon das Gelächter, aber ich weiß es ja selbst: Es zeugt nicht gerade von Ausgeschlafenheit, seinen Mantel in einer Hotelhalle zu vergessen. Das dachte wohl auch der orange-rot livrierte Portier, der mit einem angedeuteten Lächeln über seine Brille hinweg meinte: „Bisher dachte ich immer, dass Professoren zerstreut seien, aber nun hat es offensichtlich auch die Pfarrer erfasst." Nach einem Pressegespräch hatte ich meinen Mantel in der weitläufigen Hotelhalle hängen lassen, und nun war er weg, nicht aufzufinden, gestohlen, was sonst? Zugegeben, es war kein Luxusmantel, aber es war mein einziger und einen Mantel braucht der Mensch. „Waren Geld, Schecks oder Ausweise drin?", fragte man mich als Erstes. Glücklicherweise nicht, der Dieb würde keine Freude am Inhalt haben:

einige Taschentücher, Visitenkarten, Schreiber und ein Gedicht über Engel. Das hatte ich vor ein paar Tagen fertiggestellt.
In meiner Zeit als Gefängnispfarrer kannte ich einige Diebe, die Sinn für Gedichte hatten, manche schrieben selbst Verse. Sollte mein unbekannter Mantelgreifer also ruhig lesen, was mir da eingefallen war, vielleicht regte es ja sogar seine eigene Fantasie an.
Ich aber fror, denn der Dezember ist nun mal ein Mantelmonat.
In manchen Dingen bin ich ein konservativer Mensch und trenne mich ungern von meinen Sachen. Aber nach einer ungemütlichen Woche besiegte die Kälte mein Treuegefühl. Ich kaufte mir einen neuen Mantel, schlicht, praktisch und warm. Vierzehn Tage später ein Anruf vom Hotelportier: „Ihr Mantel ist wieder da. Sie können ihn sofort abholen." Ich war verblüfft

und fragte mich, wo mein Mantel wohl in der Zwischenzeit gewesen war. Wer hatte ihn zurückgebracht und vor allem: warum? War der Dieb in sich gegangen, hatte ihn die Reue gepackt? In der Innentasche fand ich mein Gedicht über Engel, so wie ich es verfasst hatte. Und irgendwie hatte ich das Gefühl, dass es seinen ersten Leser schon überzeugt hatte:

Gott,
schick deine leisen Boten
mit sanftem Flügelschlag
in das Toben der Welt.
Zu ruhen in ihrem Schatten,
für einen Atemzug geborgen sein ...

Sende die guten Wünsche
der fernen Eltern
in die Verlorenheit.
Zu leben in ihrem Schutz,
für eine Einsamkeit
zu Hause sein ...

Schenk deine tröstenden Träume,
Gefährten der Nacht,
in die Tiefe der Angst.
Die Hände zu falten
und aufzuatmen
in Hoffnung und Licht ...

Lass deine Engel um uns sein.

Das weiße und das schwarze Schaf

Als ich das Schaf zum ersten Mal sah, stand es im adventlich dekorierten Schaufenster eines Möbelgeschäftes und blickte etwas verloren durch die Scheibe. „Was soll ein Pfarrer mit einem Schaf?“, fragte ich mich und lief weiter, denn ich musste zu einer Struktursitzung. Dort langweilte ich mich. Es wurde viel geredet und wenig gesagt, alle nahmen sich sehr wichtig. „Hätte ich das Schaf dabeigehabt, wäre die Sitzung lockerer verlaufen“, dachte ich auf dem Nachhauseweg.
Nachts musste ich wieder Schäfchen zählen. Da beschloss ich, das Tier am nächsten Tag zu kaufen. Während der Verkäufer sein Geld zählte, nahm ich mein Wolltier auf die Schulter und ging zur nächsten Sitzung.
„Nanu, was soll das Schaf hier?“, fragten die Kollegen und schüttelten

die Köpfe. Als ich sie aber an die vielen Schafe in der Bibel erinnerte, verstanden sie mich und nickten unserem vierbeinigen Gast freundlich zu. Und die Sitzung wurde richtig kurzweilig.
Am nächsten Tag rief mein Freund Heinrich an: „Man hat mir von deinem Schaf erzählt. Darf ich es mal ausleihen?“ Heinrich ist Pfarrer in Harburg und brauchte das Schaf für einen Kindergottesdienst. Dort übernahm es eine wichtige Rolle im Gleichnis vom ausgebüxten Schaf. Alle Kinder mussten ausschwärmen und das verlorene Schaf suchen. Sie guckten unter die Bänke, kletterten auf die Kanzel und krabbelten auf die Empore. „Hier ist es!“, riefen zwei Mädchen aus dem Seiteneingang, und schon wurde das Tier mit großem Hallo zum Altar getragen. „So freut man sich im Himmel über jeden, der umkehrt zu Gott“, erzählte Heinrich, und alle stellten sich um

das wiedergefundene Schaf und sangen ein Lied.
Inzwischen ist mein Schaf häufig unterwegs. Bei Sitzungen und Andachten, bei Kinder- und Familiengottesdiensten und natürlich bei Krippenspielen. Ich habe mir sogar noch ein zweites gekauft. Das ist aber kleiner und schwarz. Ich glaube, dass Jesus an seiner Krippe besonders gern schwarze Schafe hat.

Advent

Mal Aussteiger sein

„Werden wir es bis 10 Uhr schaffen?“, fragte ich den Taxifahrer, denn ich wollte pünktlich bei der Besprechung sein. „Ohne Stau bestimmt ...“, meinte er und fuhr noch etwas zügiger. Schließlich kamen wir sogar 15 Minuten vorher an, was mich ein bisschen ärgerte. Jetzt musste ich mich eine Viertelstunde in dem hässlichen Bürogebäude rumdrücken, Akten lesen oder aus dem Fenster gucken.
„Das passiert dir nicht wieder“, sagte ich mir. Das nächste Mal stieg ich zehn Minuten vor dem Sitzungsort aus. Gemächlich schlenderte ich durch die kleinen Straßen, über die Brücken, sah hinab in die Kanäle und schaute den kreischenden Möwen zu. Entspannt und guter Dinge kam ich an.
Nun will ich diese Praxis ausbauen: bei Taxi-, U-Bahn- und Busfahrten

ein, zwei Stationen vor dem Ziel aussteigen, am Wasser entlangschlendern, im Park ...
Den Kindern zuschauen und den Hunden ...
Das Leben spüren und frei sein ...
Für ein paar Minuten bin ich Aussteiger aus dem fordernden Rhythmus des Alltags, tauche in eine andere Wirklichkeit ein, atme durch und genieße.

Die Probe aufs Exempel

Wer sich einsetzt, setzt sich aus.
Darum haben engagierte Menschen
auch immer Gegner, manchmal
sogar Feinde. Das wird nicht immer
zu verhindern sein.
Trotzdem gibt es Gegnerschaften, die
durch unbedachte Worte, vorschnelle
Handlungen, Missverständnisse
oder Vorurteile entstanden sind, wir
würden sie gerne rückgängig machen.
Advent ist ein Experiment wert.
Wie wäre es, wenn wir den
unzugänglichen Kollegen oder die
verbitterte Verwandte tatsächlich
einmal so behandeln würden, wie es
Jesus in der Bergpredigt erwartet?
Machen wir die Probe aufs Exempel:
Versetzen wir uns in die Schuhe des
anderen und behandeln ihn einmal
so, wie es christlich wäre ...
Probieren wir an ihm aus, ob die
Nächstenliebe wirklich etwas austrägt
und ob sie Menschen verwandeln

kann. Vielleicht verblüffen wir ja unser Gegenüber, vielleicht geschieht wirklich ein Wunder. Es kommt auf einen Versuch an. Advent ist die Zeit dafür.

Wertvoller als Geld

Wochenlang hatte sich mein Kollege Siegbert gefragt, was er seiner Tante zum 75. Geburtstag schenken könnte. Etwas, was sie schon hat und von dem sie sich sowieso wieder trennen muss? Was braucht die alte Frau wirklich, die ständig darüber klagt, dass keiner wirklich Zeit für sie hat? Irgendwann kam dem Kollegen die Idee. Er sagte der Jubilarin: „Tante Else, ich schenke dir einen Tag meiner Zeit.“ Die Tante staunte: „Einen ganzen Tag, von morgens bis abends?“ „Genau.“ „Ich darf ausführlich reden, ohne ständig unterbrochen zu werden?“ „Versprochen.“ Sie konnte es kaum glauben: „Und dein Handy bleibt zu Hause?“ „So wird es sein“, sagte der Neffe. Kein anderes Geschenk hat die Tante so erfreut!
Zeit ist offenbar wertvoller als Geld, aber häufig viel schwieriger

aufzutreiben. Wer Freude verschenken will, der sollte sich und anderen Zeit gönnen, wie beim Geburtstagsgeschenk für Tante Else. Ein guter Vorschlag auch für ein Weihnachtsgeschenk.

Am äußersten Meer

Aus einem Briefwechsel:
... Wenn unsere ganze Gesellschaft im Advent zu einem strahlenden, klingenden Kaufhaus wird und alle Welt meint, krampfhaft zusammen feiern zu müssen, verlasse ich die Stadt, steige in den Flieger und suche das Weite. Vielleicht sehen Sie das als Flucht an, aber kann ich nicht auch unter der Sonne der Kanarischen Inseln Gott nahe sein?
Angelika St.

Liebe Frau St.,
Ihre Kritik an den überbordenden Weihnachtsangeboten und -bräuchen kann ich nachvollziehen, denn viele Menschen, zum Beispiel Arbeitslose oder Alleinstehende, fühlen sich dabei ausgeschlossen. Da muss man sich schon sehr viel Stille und Besinnlichkeit erkämpfen, um wieder zu dem eigentlichen Ursprung

des Christfestes und seinem Sinn zurückzufinden.
Wenn Sie dieser Tage in die Sonne und ans Meer fliegen, werden Sie auch dort nicht mehr von allem Äußerlichen frei sein können. Die Weihnachtsindustrie hat längst ihre touristischen Außenposten an allen Enden der Erde errichtet.
Dasselbe gilt aber auch für die Allgegenwart Gottes, wie sie etwa der 139. Psalm beschreibt:

„Nähme ich Flügel der Morgenröte und bliebe am äußersten Meer, so würde auch dort deine Hand mich führen und deine Rechte mich halten.“

Dem Psalmisten geht es auch nicht um eine flächendeckende Weihnachtsberieselung, sondern um unser Herz: Unsere Angst und unser Alleinsein, unsere Flucht und unsere Sehnsucht sind überall aufgehoben

bei dem Gott, der einst im Dunklen und Verborgenen ein Fest der Liebe inszenierte, das tröstend in unser Leben leuchten will.
Darum können Sie all die Äußerlichkeiten getrost vergessen.
Wenn Sie auf die Weite des Meeres blicken, dürfen Sie wissen, dass Gottes Herz viel weiter ist als unsere manchmal so spießige Enge.
Wenn Sie den klaren Sternenhimmel über sich sehen, können Sie ahnen, dass seine Ewigkeit viel zeitloser ist, als unsere selbst auferlegte Hektik uns glauben macht.
Wenn Sie dort einfachen Menschen begegnen, dürfen Sie sich daran erinnern, dass Gott sich gerade schlichten Hirten und Fischern zugewendet hat.
Und falls Sie dort einmal dem Geläut von Kirchenglocken nachgehen und in einen Gottesdienst geraten sollten, dann können Sie gewiss sein, dass dort derselbe Christus gepredigt und

gefeiert wird und dass seine Wahrheit nicht für drei Tage, sondern für ein ganzes Leben gelten will.
Freuen Sie sich also ruhig auf die Tage in der Sonne, die ja schließlich Gottes Sonne ist, und erholen Sie sich in dem Bewusstsein, dass auch Ihrer Reise der Gruß des Weihnachtsengels gilt: „Ehre sei Gott in der Höhe und Friede auf Erden.“

Schritt für Schritt

Nein, nein: Meine Krippe bereits in den Adventstagen aufzubauen, wär' mir entschieden zu früh. Was sollen Maria und Josef schon jetzt im Stall? Hirten und Könige weit vor der nächtlichen Geburt? Auch ich selbst bin längst noch nicht so weit, bin innerlich noch auf der Wanderung.

Weit ist der Weg zur Krippe, besonders für die drei Sterndeuter. Darum könnte ich wenigstens einen von ihnen schon mal auspacken, mit seinem Kamel. Ihn im Schlafzimmer aufstellen oder im Arbeitszimmer. Nächste Woche steht er dann schon am Fenster des Wohnzimmers, auf der Kommode wandern Josef und Maria.

Irgendwann nehme ich mir Zeit für einen Waldspaziergang, sammle Zweige, Moos und Gräser für das

Stallgebäude: So komme ich der Heiligen Nacht näher, Schritt für Schritt, und irgendwann bin ich hoffentlich da.

Der Grund der Geheimnisse

„Wer flüstert, lügt“, sagte man mir als Kind. Aber schon damals hielt ich das für eine dumme, ungerechte Behauptung, die gerade in der Vorweihnachtszeit tausendfach widerlegt wird. Wo dieser Tage Menschen ihre Köpfe zusammenstecken und flüstern, da geht es meist um menschenfreundliche, liebenswerte Heimlichkeiten. Um uns herum geschieht Rätselhaftes, Geheimnisvolles, vieles wird verschwiegen und verborgen, doch wenn die Rätsel am 24. gelöst sind, dann haben wir die Bescherung. Paulus behauptet, dass Christen in besonderer Weise Geheimnisse zu hüten hätten. Dabei meint er weniger jene liebevollen Heimlichkeiten, als vielmehr den eigentlichen Grund all unserer Festanstrengungen. Es

geht um das tiefe Geheimnis des Christfestes, dessen Faszination sich kaum einer entziehen kann.
Auch die Gefangenen nicht, die ich vor vielen Jahren im Gefängnis besuchte. Obwohl sie zu Hause wenig vom Frieden der Weihnacht erleben durften, ahnten sie etwas und schienen sich nach dem Geheimnis dieser Zeit zu sehnen.
Zwar gibt es genug analytische, soziologische, selbst werbepsychologische Deutungen für die Faszination dieser Tage, aber den Kern des göttlichen Geheimnisses können sie nicht erfassen. Es gibt Kategorien der Tiefe, die unsere Labore und Apparate nie begreifen können. Wir sind von Wahrheiten umschlossen, die größer sind als wir selbst und höher als alle menschliche Vernunft. Liebe, Verheißungen, Segen – solche Mysterien Gottes werden wir nie erklären oder besitzen können, doch wir können darum

bitten, dass wir sie erleben. Dann wird sich Gott, der als ein Kind kommt, von uns finden und erfahren lassen. Dann kann unsere eigene Biografie in diese zarte, wärmende Liebesgeschichte eingebunden werden. Darum sollten wir ihr Geheimnis bewahren und mit Paul Gerhardt staunend vor der Krippe stehen:

Ich sehe dich mit Freuden an
und kann mich nicht satt sehen;
und weil ich nun nichts weiter kann,
bleib ich anbetend stehen.
O dass mein Sinn ein Abgrund wär
und meine Seel ein weites Meer,
dass ich dich möchte fassen!

Advent

Der Trompetenwunsch

Als ich 14 Jahre alt war, wünschte ich mir zu Weihnachten eine Trompete. Aber meine Eltern schenkten mir eine Blockflöte mit den Worten: „Beweis dich erst mal an diesem Instrument!“ Als ich meinen Wunsch im nächsten Jahr wiederholte, bekam ich eine F-Flöte geschenkt. Da gab ich es auf.
Vor einem Jahr schleppte mich eine Freundin in einen Jazzclub. Da sah und hörte ich einen großartigen Trompeter. Mit einem Mal war mein Wunsch wieder lebendig, nach 40 Jahren. Am nächsten Tag fuhr ich zum nächsten Musikalienhandel und schenkte mir selbst eine Trompete. Glücklich fuhr ich nach Hause, einen Musiklehrer fand ich ein paar Tage später auch. Angeblich war ich begabt und es machte mir großen Spaß. Als ich mein erstes Lied „Der Mond ist aufgegangen“ spielte,

musste ich an meine Eltern denken. Schade, dass sie das nicht mehr miterleben durften.
Natürlich können Eltern nicht alle Wünsche erfüllen. Aber wir sollten uns manche Träume bewahren und sie nicht belächeln. Irgendwann kommen sie wieder hervor und zeigen uns, dass wir lebendig und lernfähig sind.

Musikalische Nachbarschaft

Interessiert blicken die Freunde auf meine neue Trompete und den Notenständer, dann schauen sie zur Decke: „Was sagen denn die Nachbarn zu deinem täglichen Üben?“, fragen sie scheinheilig. „Die sollen ganz still sein“, entgegne ich, „wo die mich schon seit Jahren mit ihren kleinen Töchtern sowie mit Klavier und Geige beschallen.“ „Na, dann kann sich ja keiner beklagen“, meinen sie lachend.

Tut auch keiner, im Gegenteil. Gestern, als die Mutter über mir ein Weihnachtslied einübte, antwortete ich auf der Trompete. „Bravo!“, rief sie anerkennend und übte weiter. Etwas später klopfte es an meiner Wohnungstür. Die kleine Tochter stand da, mit einer noch kleineren Geige und einem Notenblatt. „Kannst du mir das mal vorspielen?“, fragte sie und blickte neugierig auf meine Trompete. „Morgen kommt der Weihnachtsmann“ stand da und war ganz und gar nicht in meiner Tonart aufgeschrieben. Ich versuchte es trotzdem und spielte so schauderhaft, aber erkennbar, dass das Mädchen befriedigt abzog. Auch ich war bester Laune und sagte mir: Siehst du, so friedlich kann Nachbarschaft sein.

Der Tag ist nicht mehr fern

Es ist eine der Weisheiten unserer Gesangbücher: Gerade die Dichter, die eigene Tiefen durchleben mussten, können den Trost unseres Lebens am überzeugendsten ausdrücken. Jochen Klepper gehört dazu. Er musste sich in der Nazi-Zeit schwere Sorgen um seine Frau und deren Töchter machen. Aber er lebte selbst in der besonderen Erwartung des Advents. Darum konnten ihm am Nachmittag des 18. Dezember 1938 diese tröstlichen Zeilen einfallen:

Die Nacht ist vorgedrungen,
der Tag ist nicht mehr fern.
So sei nun Lob gesungen
dem hellen Morgenstern!
Auch wer zur Nacht geweinet,
der stimme froh mit ein.
Der Morgenstern bescheinet
auch deine Angst und Pein.

Text und Melodie dieses Chorals transportieren nicht den Glöckchenklang einer süßen Weihnacht, sondern den ehrlichen, herben Ton einer Sehnsucht, die allerdings weiß, bei wem sie den Trost des Lebens finden kann.
Klepper ahnt, dass die Angst vor Ghetto, Zwangsscheidung, Deportation und KZ über ihn hereinbrechen wird. Aber er weiß auch, dass seine Rettung vom Kind in der Krippe kommt.
Auch ich glaube, dass unsere Belastungen und Bedrohungen aufgefangen sind in der tröstenden Hand Gottes, die uns auch im finsteren Tal nicht loslassen wird.
Klepper schreibt in seinem Tagebuch: „Wir hoffen irdisch nichts mehr; aber wo wir von Gottes Freundlichkeit gesungen und gepredigt hören, wird uns das Herz weit."

Darum führt er sein Weihnachtslied fort:

Noch manche Nacht wird fallen
auf Menschenleid und -schuld.
Doch wandert nun mit allen
der Stern der Gotteshuld.
Beglänzt von seinem Lichte,
hält euch kein Dunkel mehr.
Von Gottes Angesichte
kam euch die Rettung her.

Ich spüre, dass es Weihnachten nicht nur um Vergnügen, sondern um Vertrauen geht. Der „Stern der Gotteshuld" wandert mit uns und wirft seinen tröstlichen Schein auch auf unsere zaghaften und krummen Wege. Und er bezeugt: Die Rettung, die mit der Geburt des Kindes beginnt, gilt für alles, was hinter uns liegt und was uns noch bestimmt sein wird.

Advent

Mehr Freude als Stress

„Um Himmels willen, ich bin kurz vorm Nervenzusammenbruch. Es steht noch so viel auf meinem Zettel. Wie soll ich das alles nur schaffen?!"
Es fällt mir schwer, die Nachbarin zu beruhigen. Zu groß ist der Erwartungsdruck ihrer Familie: Feierlich soll das Fest sein, wohlschmeckend das Essen, passend die Geschenke und die Atmosphäre harmonisch. Keiner kann das alles erfüllen!
Mein Tipp: mehr Gelassenheit! Was Sie jetzt nicht auf die Reihe kriegen, haben Sie eben nicht geschafft. Machen Sie das Beste daraus und schalten Sie erst mal einen Gang runter. Es ist ohnehin falsch, von den drei kommenden Tagen all das zu erwarten, was man das ganze Jahr über nicht geschafft hat.
Darum rate ich für die kommenden Tage: Gönnen Sie sich Zeit.

Schließlich war auch die Sache mit dem Kind in der Krippe nicht in drei Tagen gegessen. Im Gegenteil: Da fing das Leben dieses Jesus Christus erst an. Darum rate ich, die Hoffnung und die Freude besser aufzuteilen, damit Sie länger etwas davon haben. Weihnachten will ein Anfang sein, nicht mehr und nicht weniger. Dafür wünsche ich Gelassenheit und Segen.

Der Engel über Bethlehems Feldern

prophezeite den Hirten nicht
„einen mörderischen Stress
und einen nervenden
Warenaustausch“.
Stattdessen verkündigte er ihnen
„große Freude,
die allem Volke widerfahren soll!“.

Advent

Die Freude, die uns bleibt

Weihnachten

Weihnachtsgebet

Herr, dein Stern glänzt wieder in die
stille Zeit,
all die gnadenlosen Stimmungslichter
strahlen mit.
Mach, o Vater, uns zu deinem Licht
bereit,
frei, zu horchen nur auf deiner
ernsten Ankunft Schritt.

Oft scheint der Gewalten Gang uns
absolut,
weil du heute deine wahre Majestät
verhüllst.
Oft fehlt, Herr, verzeih, zu glauben
noch der Mut,
dass du deine Prophezeiung auch an
uns erfüllst.

Sieh, wir haben längst vergessen
ihren Klang,
denn im Tag betäubt uns schnell so
manche Freudigkeit.
Doch von Angst umklammert wird

dem Herzen bang,
und wir stehen voll Verzweiflung in
der Dunkelheit.

So zieh wieder, Herr, in unsre
Herzen ein,
gib uns unstillbare Sehnsucht nach
dem heil'gen Wort,
lass die alte Botschaft neue Tröstung
sein
und des Glaubens Freude in uns
wachsen immerfort.

Herr, wir wolln der Krippe in der
Hoffnung nahn,
dass für jeden, der die Angst nicht zu
ertragen meint,
wie's in Bethlehem einst auch die
Hirten sahn,
dein Erlösungszeichen in sein armes
Leben scheint.

Weihnachten im Knast

24. Dezember, 15 Uhr
Ich gehe über den Bahnhofsplatz. Ein Nachmittag wie jeder andere, möchte man meinen. Und doch liegt in der Luft eine ungewohnte Mischung aus Besinnlichkeit und Hetze, aus Erwartung und Einsamkeit. Die Leute haben es eiliger als sonst, nach Hause zu kommen. Ich steige in ein Taxi: „Zum Gefängnis bitte!" Wie das klingt, als hätte ich etwas Unanständiges gesagt. Der Fahrer schaut prüfend zu mir herüber, dann lässt er den Motor an. Die Hauptgeschäftsstraße ist überfüllt, wir biegen in Richtung Stadtrand ab. Meine Gedanken sind schon beim Gottesdienst.
Der Fahrer neben mir seufzt: „Am liebsten wär ich jetzt auch im Knast!" Was sagt er da? Erstaunt frage ich zurück: „Sie wollen am Heiligen Abend im Gefängnis sein?" „Ja",

sagt er bitter und zieht den Wagen in eine Kurve: „Heiligabend ist für mich ein furchtbarer Tag!" Ich sehe fragend hinüber, da sprudelt es auch schon aus ihm heraus: Weihnachten bedeute ihm gar nichts mehr, seit seine Frau ihn verlassen hätte.
Er wolle die ganze Nacht Dienst tun, um nur nicht allein zu sein. Pausenlos erzählt er weiter, ich sage nur ab und zu ein Wort. Wir sind längst am Ziel. Vor dem Gefängnis ein geschmückter Baum. Was ist der Sinn des Lebens? Ich versuche, ihm etwas zu sagen, es kommt mir recht kümmerlich vor. Er drückt mir zum Abschied die Hand. Ich sehe den Schlusslichtern des Wagens nach, dann lässt mich ein Beamter durchs Tor. Scheinwerfer bestrahlen die Mauern. Das Gefängnis war einst ein KZ. Nein, heil ist unsere Welt auch am Heiligabend nicht, weder draußen noch drinnen.

Eine Handvoll Beamter und an die hundert blaubejackte Insassen, ihr Urlaubsgesuch wurde abgelehnt, oder sie kennen draußen niemanden, der sie einladen will. Tannen am Altar, dazu die alten Lieder. Eine Musikband begleitet den Gesang. Ein Gefangener spielt Geige, ein anderer spricht ein selbst verfasstes Gedicht. Beide tragen Zivil, sie haben acht Tage Familienurlaub. Nur zum Gottesdienst sind sie zurückgekommen, haben auf ein paar Stunden Freizeit verzichtet, um ihren Mithäftlingen den Tag zu erleichtern. Mir fällt der Taxifahrer ein: Ob er hier ein kleines Stückchen Sinn fände? Die Predigt soll Mut machen und trösten. Ob es mir gelingt? Selten sah ich so aufmerksame Zuhörer.

Nach dem Gottesdienst geht es zurück in die Zellen. Die Beamten haben Schichtwechsel, der Nachtdienst rückt ein. Ich rede mit

dem Schichtführer. Seine Frau ist Alleinsein gewöhnt. Er gibt mir ein Schlüsselbund, ich ziehe los. Ein Kollege begleitet mich.
Wir besuchen die Männer auf ihren Zellen. Lange kahle Gänge, Tür an Tür. Aufschließen, eintreten und von innen zuschließen, und das sechzigmal. Einige liegen auf den Betten, andere spielen Karten oder hören Radio: „Grüße an deutsche Seeleute in aller Welt." Wir bringen bunte Kerzen, Kalender und Kleinigkeiten. Hier zählt das viel. Keiner lästert heute. Die Stimmung ist nicht aggressiv, auch bei den Gewalttätern nicht. Viele von ihnen sind in sich gekehrt und denken an frühere Jahre. Meist gab es in ihrer Kindheit nur Spuren von Liebe und Freude. Aber es ist eine Ahnung da, ein Traum. Unser Besuch und die kleinen armseligen Mitbringsel: vielleicht deuten sie manchem an, dass alles ganz anders sein kann.

Einer schreibt einen Brief an seine Frau. Man hat ihm den Urlaub verweigert, er weint vor Wut und Enttäuschung.
Ich werde in ein paar Stunden zu Hause sein. Wir sind ja frei, wir haben den Schlüssel. Aufschließen, zuschließen, aufschließen, zuschließen. Wir führen viele Gespräche und schütteln viele Hände. Mehr können wir nicht tun. Unsere Besuchstour hat angestrengt, aber es liegt ein Sinn darin. Auch für uns selbst.
Die Bahn rollt durch die Nacht.
Es gibt nicht mehr viele Fahrgäste heute. Ich suche ein leeres Abteil und mache es mir bequem. Draußen erleuchtete Häuser, Kerzenschein, Fernsehflimmern. Ab und zu ein Auto. In einer Stunde bin ich zu Hause. Wahrscheinlich bekomme ich den Schluss der Christmette noch mit: eine besinnliche Viertelstunde in der Stillen Nacht.

Tropfen rollen über die Scheibe. Ich stütze den Kopf müde in die Hand; der Tag war lang.
Meine Gemeindekirche wird voll sein. Wir werden gemeinsam singen: „Stille Nacht, heilige Nacht!“ Man kann einiges gegen das Lied sagen, ich weiß, aber dort heißt es auch „Christ, der Retter, ist da“. Der Satz ist wichtig! Er könnte der Schlüssel sein für den Taxifahrer und die Gefangenen. Ihre Einsamkeit muss nicht das Letzte sein. Wo Jesus ins Spiel kommt, ist Grund zur Hoffnung. Christ, der Retter, ist da. Die Lichter des Bahnhofs tauchen auf, der Zug fährt ein ...

Einmal

fällt glanz vom himmel
auf die verdutzte herde
und leuchtet den staunenden
heim
der weg nach hause
ist der weg ins licht

Weihnachten

... mehr als Theater

Ich war gerade drei Jahre alt, als ich „unser" Krippenspiel zum ersten Mal miterlebte: am vierten Advent 1947 war's, in einem kleinen niedersächsischen Dorf. Viel verstand ich damals noch nicht, als ich sieben Engel in weißen Gewändern mit brennenden Kerzen durch die dunkle Kirche zum Altar schreiten sah. Aber die erwachsene Gemeinde, aus Krieg, Trümmern und Gefangenschaft noch einmal davongekommen, hörte desto aufmerksamer zu, als die klare Stimme des weiblichen Vorspruchengels erklang:

Dunkel die Welt und das Leben oft schwer,
Frau Sorge schleicht an den Häusern umher.
Durch unsre Reihen schritt der Tod,
auf allen Herzen lastet Not.

Und viele Herzen drückt die Schuld.
Ach Herr, hab du mit uns Geduld,

wir sind dir so unendlich fern,
wir hatten diese Welt zu gern.

Ihr Lied klang süß in unsren Ohren,
da haben wir dich ganz verloren.
Nun ist es dunkel um uns her,
nichts als die Sehnsucht bleibt uns mehr.

Meine Großmutter flüsterte mir zu, das Spiel hätte meine Mutter geschrieben. Ich aber wartete nur darauf, dass es heller würde. Die vielen anderen Engel wollte ich sehen, dazu Maria und Josef, die Hirten, die Könige und die Kinder. Und dann würde die ganze Gemeinde aufstehen und „O du fröhliche" singen.

Ein Jahr später durfte ich selbst mitspielen, ein kleines Kind zwar, aber immerhin.
Hell erleuchtet war die Kirche, und irgendjemand schob mich aus der Bank in den Mittelgang, neben mir

zwei andere Dreikäsehochs. Maria und die Engel schauten uns lächelnd entgegen, als wir die Altarstufen emportapsten. Da stand die Krippe, und es lag keine Puppe drin. Nur einmal, hatte mein Vater vorher erklärt, einmal habe wirklich ein Baby darin gelegen, das Jesuskind.

Irgendwer knuffte mich in die Seite, und ich rief mit heller Stimme:

Du lieber, heil'ger, frommer Christ,
weil heute dein Geburtstag ist,
drum ist auf Erden weit und breit
bei allen Kindern frohe Zeit.

Ich wusste nicht, warum der Vorspruchengel mit den langen blonden Haaren ein Lachen unterdrückte. Neben mir versprach sich ein kleines Mädchen. Wir knieten nieder, und über uns sang es vielstimmig:

O du fröhliche, o du selige,
gnadenbringende Weihnachtszeit!

Hildesheim, 1950. Wir waren umgezogen. Eine Kirche hatten sie hier noch nicht, nur einen Gemeindesaal. Das Krippenspiel musste zweimal aufgeführt werden, und man hatte mir eine neue Rolle zugewiesen. Als Hirtenjunge wanderte ich neben und unter den wilden abgerissenen Burschen mit. Knorrige Krückstöcke trugen sie, Petroleumlampen und breitkrempige Hüte. Einer spielte auf der Flöte und wir anderen sangen:

So legt euch denn, ihr Brüder,
in Gottes Namen nieder,
kalt ist der Abendhauch ...

Dann senkte sich Dunkelheit über unser Lager. Aber durch die halb geschlossenen Augen entdeckte ich einen Lichtschein, der von den Engeln ausging, und hörte ein leises Summen von der Orgel her. Der mit der Lampe rüttelte seinen Nebenmann: „Heinrich, steh auf vom Schlaf!“ Doch der grunzte nur: „Was soll’s?“ Nochmal der Erste: „Ein seltsam Licht ist um uns her!“ Sein Nachbar winkte ab: „Will meine Ruh!“ Aber der Hirte wandte sich an den Nächsten:

„Karl, wach doch auf, ich fürcht mich sehr,
so eine Nacht war noch nie bisher!“

Auch Karl reagierte unwillig:

„Was störst’ mich denn in meiner Ruh?
Leg dich und tu die Augen zu!“

Aber der Hirte hatte so etwas in seiner Stimme, was uns andere langsam aufweckte:

„Das Licht wird heller, meh´ und
meh´,
der Glanz tut schon den Augen weh!“

Jetzt richtete sich auch Karl auf:

„Fürwahr, wie sieht das seltsam aus,
als strahlt’s zum Himmelstor hinaus!“

Bald rieben wir uns alle die Augen
und der erste Hirte rief:

„Ihr Hirten all, erwacht, erwacht!
Ein herrlich Licht hat sich
aufgemacht!
Das ist wohl nicht von dieser Welt:
eine Botschaft des Himmels es
vermeldt!“

Der alte Hirte neben mir legte
ängstlich die Hände über die Augen:
„Zu hell ist für unsere Augen der
Glanz,
ich fürcht, wir müssen vergehen
ganz!“

Und da war sie wieder, die Stimme des Vorspruchengels. Als sie uns zurief: „Fürchtet euch nicht, siehe, ich verkündige euch große Freude ...“, da fielen wir wie ein Mann auf die Knie. Die Engel sangen, und als sie uns wieder verlassen hatten, waren wir noch immer ganz benommen. Irgendwann durfte ich endlich meine Frage loswerden:

„Was tät’ der Engel uns verkünden?
Wo sollen wir das Kindlein finden?“

Und als das Gespräch auf die Geschenke kam, die wir dem Jesuskind mitbringen wollten, schlug ich vor: „Zum Spielen bring ich ihm ein Lamm!“ Eine Frau aus der Gemeinde hatte mir ein wunderschönes Lamm genäht, das wir Pummel Seidenhaar nannten, und es fühlte sich auch so an.
Als wir zur Krippe stolperten, hielt ich es im Arm, jedes Weihnachten

zweimal, viele Jahre lang. Dann zog unsere Familie aus dieser Gemeinde fort, aber das Krippenspiel nahmen wir mit.

Syke, 1958. Die Hirten mussten ohne mich auskommen, denn nun war ich den drei Weisen zugeordnet. Als die Kronleuchter in der großen Kirche aufflammten, der Chor „Wie schön leucht' uns der Morgenstern" anstimmte und die ersten Gemeindeglieder neugierig nach hinten schauten, kam ich gemessenen Schrittes aus der Turmhalle. Ich trug einen Turban auf dem Kopf und an einer langen Stange einen goldenen Stern. Hinter mir die drei Weisen, weiß und braun, reichlich behangen und üppig geschmückt. In der Mitte des Ganges machte ich halt und rief dem Vorspruchengel dort oben im Altarraum zu:

„Wir heil'gen drei Könige folgen dem Stern.
Wir kommen von fern her gezogen.
Wir suchen den neuen König und Herrn,
der unter dem Stern ist geboren.
Wir wollen Weihrauch, Myrrhe und Gold
zum Opfer bringen dem Knäblein hold."

Und die Frau, die den Engel darstellte, antwortete mit heller Stimme:

„O Menschenkind, halte treulich Schritt!
Die Kön'ge wandern, o wandre mit!
Der Stern der Liebe, der Gnadenstern,
erhelle dein Ziel, so du suchst den Herrn!
Und fehlen Weyhrauch, Myrrhe und Gold,
schenke dein Herz dem Knäblein

hold.
Schenk ihm dein Herz!“

„Drei Kön’ge wandern“, sang der Chor, und ich setzte mich wieder in Bewegung, die Könige hinter mir. Ganz oben neben dem ersten Engel war mein Platz, da konnte ich alles übersehen. Und als die Gemeinde stehend sang „Freue dich, o Christenheit!“, da nahm ich meinen Stern, eine tragende Rolle, und führte den Auszug der Engel an, Maria und Josef, Hirten, Könige und Kinder folgten singend nach. Ein erhebender, andächtiger Augenblick.

Syke, 1968. Irgendwann spielte ich „unser“ Krippenspiel zum letzten Mal. Längst waren wir Studenten, die Könige und ich. Unsere Universitätsstadt war Münster im Westfälischen. Oft kamen wir nicht mehr nach Hause, wir hatten anderes zu tun.

Aber wenn es Weihnachten wurde, dann setzten wir uns auf die Bahn. Proben mussten wir nichts, bevor sich die anderen um die Krippe versammelten. Was wir zu sagen hatten, kannten wir im Schlaf, aber wir wollten es einmal im Jahr vortragen dürfen. Einmal mit den Engeln am Altar stehen, wenn die Kinder ihre Verse aufsagten, wie ich 20 Jahre zuvor. Wenn dann am Schluss der alte Hirte aufstand und sagte:

„Halleluja, Halleluja,
das ist die Freude, die uns bleibt,
wenn unser Weg ins Dunkel treibt.
Halleluja, halleluja,
so wollen wir dich droben
voll heil'ger Freude loben", dann wussten wir, dass dieses Spiel für uns zugleich ein Bekenntnis war. Dann spürten wir, dass wir auch wirklich meinten, was wir mit der Gemeinde sangen:

... Welt ging verloren,
Christ ward geboren.
Freue dich, o Christenheit!

Heiligabend in der Kneipe

Ich weiß: Heiligabend in die Kneipe gehen, das tut man nicht! Als ich zu nächtlicher Stunde trotzdem in meine Stammkneipe schaue, wundere ich mich, wie gut besucht sie ist und wie freundlich es dort zugeht. Auf den Tischen bunte Weihnachtsteller und ein Windlicht, am Tresen stehen mir bekannte Taxifahrer, Journalisten und Grafikerinnen. Am Nebentisch spielt ein Lehrer mit einem Sänger Schach, und der grauhaarige Alkoholiker, der mir immer von seinen Verwandten erzählt, ist in der Ecke eingeschlafen.
Ingrid stellt sich neben mich, im dunklen Kostüm, in dem sie heute ihren schwierigen Vater besucht hatte. „Es war sehr anstrengend“, sagt sie, „weil man so viele Themen ausklammern muss. Meine Schwester geht schon gar nicht mehr hin.“

Und schon sind wir in ein intensives Gespräch über Weihnachten und Familie vertieft. Es gibt viel zu erinnern und manches zu beklagen. Der Barkeeper und ein Schachspieler mischen sich ein. Für uns vier Singles wird es ein anregender Weihnachtsabend in der Kneipe, auch wenn man so etwas eigentlich nicht tut ...

Noch ist Zeit

Obwohl man ihm Beruhigungsmittel gegeben hatte, fühlte der Patient sich nervös und innerlich unruhig. Das Bett neben ihm stand leer, und so war er mit seiner Unzufriedenheit allein. Er lag im achten Stock, draußen schien sich eine nasskalte Dämmerung auszubreiten. Deutlich konnte er den Fluss erkennen, davor die Häuser, in denen nach und nach die Lichter angingen, lauter weißgelb leuchtende Vierecke.
„Wo nur meine Frau bleibt?“, dachte er ungeduldig und angelte nach der Uhr auf dem Nachttisch. Während er sich mühsam auf die Zeiger konzentrierte, hörte er, wie die Tür seines Zimmers leise geöffnet wurde. Nervös schaute er auf, doch die Tür verharrte in halb geöffnetem Zustand, nichts geschah. „Ja, bitte!“, rief er mit jener Forschheit, mit der er auch in seinem Büro zu regieren

pflegte. „Danke“, antwortete eine helle Stimme, und die Tür wurde ganz geöffnet.
Auf der Schwelle stand ein kleines Mädchen in einem roten Bademantel und blickte den Patienten mit großen Augen an.
„Du hast dich sicher verlaufen“, sagte er etwas milder gestimmt.
Das Mädchen antwortete nicht, sondern kam in das Zimmer herein.
„Schön hast du’s hier“, sagte sie und blickte sich um. „Schön?“, fragte er fast verächtlich und fügte mit einem gewissen Trotz hinzu: „Wo denn?“ „Da“, antwortete das Mädchen und lenkte seinen Blick auf den Nachttisch. Eine gelbe Kerze stand dort, und in der Vase ein Tannenzweig, an den die Schwestern zwei Strohsterne gehängt hatten.
Der Luftzug bewegte sie leicht, fast, als schwebten sie. Der Patient hatte den Strauß bisher nur mit einem Seitenblick wahrgenommen.

Die Tatsache, dass heute der 24. Dezember war, hatte er in den letzten Stunden verdrängt. Jetzt aber fiel es ihm wieder ein, und er erschrak bei dem Gedanken. „Nun habe ich nicht einmal Geschenke besorgt“, murmelte er halblaut und dachte an seine Frau und die Enttäuschung der Kinder. Es war alles zu schnell gegangen mit seiner Einlieferung, keine Zeit mehr für die üblichen Vorbereitungen.

„Du hast doch genug zum Schenken“, sagte das kleine Mädchen, setzte sich auf das Nachbarbett und baumelte mit den Beinen. „Ich? Was denn?“, fragte der Mann erstaunt, und es klang fast ein wenig bittend. Das Mädchen lächelte verständnisvoll: „Zum Beispiel Zeit“, sagte sie, „du hast sehr viel Zeit.“ „Zeit kann man nicht verschenken“, erwiderte der Mann. Es sollte belehrend klingen, kam aber ein wenig unsicher heraus. „Natürlich kannst du Zeit verschenken", seine Besucherin war voller Überzeugung. „Und wie, wenn ich bitten darf?", fragte der Patient. „Durch Zuhören", kam es wie selbstverständlich vom Nachbarbett, „du kannst doch zuhören." „Zuhören", dachte der Patient, und es kam ihm wie ein Fremdwort vor. Wenn die Leute von einem den ganzen Tag Erklärungen und Entscheidungen erwarten, dann kommt man nicht mehr so recht zum Zuhören, und die Zeit wird knapp ... Das merkwürdige Mädchen sprach weiter: „Du hast sooo viel Zeit", sagte sie mit ihrer hellen Stimme und streckte die Hand aus, als ob sie die Zeit fühlen könnte: „Du kannst doch etwas davon abgeben?"

Der Patient betrachtete verwundert das Zimmer, aber er konnte die Zeit nicht sehen. Er dachte an die Aufregung, die sein Herzinfarkt gebracht hatte, an die vielen wichtigen Dinge, die liegen geblieben waren und eigentlich dringend erledigt werden mussten. Hektik und Konkurrenzkampf waren in seinem Beruf groß. Man hatte ja schließlich seine Verantwortung, aber jetzt ... Auf einmal schien alles weniger wichtig zu sein. Die Gewichte seines Lebens waren verrutscht. Manches, was noch gestern absoluten Vorrang hatte, trat in den Hintergrund. Jetzt hatte er wirklich Zeit: für seine kleine Besucherin, für ungewohnte Gedanken und für einen Zweig mit zwei Sternen dran. Genug, um davon etwas abzugeben? Er kam ins Grübeln, während die Dämmerung vollends in sein Zimmer zog. Er konnte das Mädchen nur noch schwach erkennen, und als er nach einer Weile wieder hinguckte, war sie nicht mehr da.

Es klopfte, Licht flammte auf. Seine Frau stand im Türrahmen, schwer beladen und abgehetzt.

„Entschuldige meine Verspätung", bat sie und sah ihn ängstlich-prüfend an. „Macht nichts", sagte er zu ihrer Verwunderung, „ich habe ja jetzt viel Zeit." Und lächelnd fügte er hinzu: „Nimm dir erst mal einen Stuhl, setz dich und erzähl von zu Hause. Vielleicht können wir auch diese Kerze anzünden."
Die Frau traute ihren Ohren nicht. Sie ließ sich auf den Stuhl fallen und atmete tief durch, das erste Mal nach langer Zeit.

Leise

draußen gedränge
drinnen getöse
lärmende sorgen
engel der stille
komm
eintreten federleicht
ausatmen flügelsanft
leise begleiten
luftzug der kerze
lichthelles staunen
komm

Nicht heil, sondern heilig

Zu Weihnachten setzt man bei uns die heile Familie gern mit der heiligen Familie gleich. Dabei war jene Familie, die uns bei Lukas geschildert wird, in ihrer verlobten, schwangeren, obdachlosen und flüchtenden Situation alles andere als der Inbegriff einer heilen Welt. Wenn also selbst Maria, Josef, das Jesuskind und ihre nächtlichen Gäste aus dem Rahmen fielen – warum müssen wir dann der Vorstellung einer heilen Familie genügen? Wichtiger als das festliche Gewand, das feierliche Essen und die harmonische Stimmung ist, dass wir mit leeren Händen und offenem Herzen zur Krippe kommen.

Weiter

als der Traum
einer heilen Welt
trägt uns der Trost
der Heiligen Nacht.

Weihnachten

Flötenspiel über der Alster

„Fröhliches Fest!", rief der Taxifahrer hinter ihm her, aber da hatte Wolfgang Block die Autotür schon von außen zugeschlagen. „Gleichfalls", murmelte er grimmig und ging mit seinen zwei Aktenkoffern auf die Haustür zu. „Das einzig Sinnvolle an Weihnachten ist, dass man in Ruhe seine Akten aufarbeiten kann", sagte er zu sich selbst und setzte den einen Koffer ab, um in der Manteltasche nach seinem Schlüssel zu suchen. In diesem Augenblick kam eine Nachbarin heraus und hielt ihm die Tür auf. Er nickte ihr höflich lächelnd zu und verschwand im Treppenhaus. Einen engeren Kontakt pflegte man in diesem Hause nicht. Hier war sich jeder selbst der Nächste, und das war gut so.
Im Flur duftete es nach Gebäck, auf der Treppe hörte Wolfgang

Block laute Weihnachtsmusik, was ihn ärgerlich stimmte. „Wenigstens in seinen eigenen vier Wänden kann man wohl noch vor dieser Gefühlsduselei sicher sein“, dachte er und öffnete die Wohnungstür.
Hier erinnerte ihn nichts an Heiligabend. Alles war wie immer. Alles hell und stilvoll. Alles da, wo es hingehört. So wollte Wolfgang Block es haben. So würde er einen ungestörten und produktiven Abend verleben, und das war gut so.
Der Wein war edel, die klassische Musik sollte seine Ausgeglichenheit fördern, und die Arbeit hätte eigentlich gut von der Hand gehen müssen. Wolfgang Block war das Alleinsein gewöhnt, er hatte sich damit arrangiert. Manchmal überkam ihn zwar Neid auf die Familien und Freundschaften anderer, ab und an flog ihn auch eine melancholische Stimmung an. Aber das geschah ganz selten ...

Im Großen und Ganzen hatte er sich gut mit seiner Lebenssituation zurechtgefunden und alles bestens im Griff.
Desto mehr ärgerte es ihn, dass sich ausgerechnet heute Abend keine rechte Zufriedenheit einstellen wollte. Die Musik und die Geräusche freudiger Geschäftigkeit im Haus störten ihn, die Arbeit fand nicht seine Aufmerksamkeit, selbst der Wein schmeckte ihm nicht wirklich. Einmal ertappte er sich sogar dabei, dass er aufstand und durch den Türspion auf den Hausflur schaute: Seine Nachbarin empfing Familienbesuch. Er verabscheute diese Neugier, doch heute schien er auf manches anders zu reagieren. Nur, um sich ein wenig zu zerstreuen, spielte er an seinem Telefonanrufbeantworter herum, den er vor allem aus dienstlichen Gründen angeschafft hatte. Natürlich war nicht zu erwarten,

dass ausgerechnet heute einer seiner Kunden etwas daraufgesprochen hatte, obwohl er es fast wünschte, den Klang einer menschlichen Stimme zu hören. Seine Ansage endete wie üblich mit der Aufforderung: „Bitte sprechen Sie jetzt!“, und dann ertönte jener hohe Piepton. Erwartungsgemäß erfolgte nichts als ein Rauschen, doch dann erschrak Herr Block ein wenig. Aus dem Gerät erklang eine hohe Frauenstimme, die er noch nie zuvor gehört hatte. Eine hohe klare Stimme war das, ernsthaft und bestimmt: „Also um 18 Uhr auf dem Alsteranleger Rabenstraße. Bis dahin: gesegnetes Fest.“
Block war ein nüchterner Mensch, falsche Telefonverbindungen oder dumme Scherze konnten ihn nicht aus der Fassung bringen. Aber da klang diese positive Bestimmtheit aus der Stimme der Anruferin und die machte ihn neugierig.
Im Übrigen war der Anleger

nur zehn Minuten Fußweg entfernt. Was lag näher, als seinen Abendspaziergang in diese Richtung zu lenken? Schaden konnte es nicht, und vielleicht brachte ihn dieser Weg auf andere Gedanken.
Nass und verhangen war die Dämmerung. In der Johnsallee leuchteten Kerzen aus den Fenstern, von St. Johannis am Turmweg tönte Glockengeläut. Wolfgang Block ging schneller. Als er die Brücke zum Anleger betrat, wurde sein Schritt verhaltener. Er blieb stehen und blickte nach vorn. Die Häuser am anderen Ufer wirkten wie ein leuchtendes Band, der Anleger war von einer einzigen Laterne beleuchtet. Daneben eine Bank und das Wartehäuschen für Schiffspassagiere. „Natürlich, niemand da“, sagte sich Wolfgang Block mit einer gewissen Befriedigung und wandte sich wieder zum Gehen. Doch mitten in der

Drehung verharrte er: Er glaubte seinen Ohren nicht zu trauen, über dem Wasser schwebte eine zarte, zaghafte Flötenmelodie. Irgendein Weihnachtslied schien es zu sein, er hatte es schon früher einmal gehört. Wolfgang Block war verwirrt, ein wunderliches Gefühl bemächtigte sich seiner.

Gab es das, dass jemand ausgerechnet um diese Zeit in einem Boot saß und Weihnachtslieder blies, oder kam die Musik vom Anleger? Er machte einige Schritte zum Wasser hin, die Flötentöne wurden deutlicher. Zögernd und fast auf Zehenspitzen ging er die Treppe hinunter bis an den Anleger und blieb wie angewurzelt stehen. Ihm bot sich eine ungewöhnliche Szene: Auf der Bank in dem zum Wasser hin offenen Wartehäuschen saß ein älterer Mann in abgetragenen Kleidern. Ein Stadtstreicher? Neben dem Flötenspieler stand eine

Plastiktasche, vor ihm ein kleiner Klapptisch mit einem Tannenzweig und einer Kerze, die nicht brannte. Wolfgang Block hatte, wenn überhaupt, etwas anderes erwartet. Als er sich wieder zum Gehen wandte, unterbrach der einsame Spieler seine Melodie: „Augenblick, der Herr!“, rief er ihm zu, und Block zögerte. „Hätten Sie wohl ein Streichholz für meine Kerze?“, wurde er so höflich gefragt, dass er unwillkürlich zu seinem Feuerzeug griff und es dem eigenartigen Einsiedler reichte. Im Schatten der Flamme sah er ein unrasiertes freundliches Gesicht, ganz auf das Anzünden der Kerze konzentriert. Noch immer schien die weihnachtliche Flötenmelodie über dem Wasser zu schweben, und Wolfgang Block konnte sich der eigenartigen Stimmung auf diesem Anleger nicht entziehen. „Hier bitte“, der Mann reichte ihm sein Feuerzeug

zurück und fügte einladend hinzu: „Sie werden mir doch die Freude nicht abschlagen, sich einen Augenblick zu mir zu setzen? Unsereins bekommt Weihnachten ja keinen Besuch, und es ist so wichtig, miteinander zu sprechen."
Es entsprach nicht Blocks Art, sich bei wildfremden Leuten auf Parkbänken oder anderen öffentlichen Sitzgelegenheiten niederzulassen.
So hatte er bereits ein abweisendes Wort auf den Lippen, dann aber sagte er nichts und setzte sich einfach hin. Für einen Augenblick könnte man dem einsamen Mann ja mal diese Freude machen ...
Flackernd brannte die Kerze auf dem Klapptisch, der Tannenzweig gab eine Ahnung von Weihnachten. Aus der Tiefe seiner Plastiktüte hatte der alte Mann eine Flasche Wein, zwei Becher und einen Christstollen hervorgezogen und Wolfgang Block

davon angeboten, zögernd hatte der zugegriffen.
Die Unruhe war mit einem Mal von ihm abgefallen, schweigend blickten die beiden auf die weite Wasserfläche vor sich. „Eigentlich", meinte der Einsiedler fast zu sich selbst, während er seinen Becher auf dem Tisch absetzte, „eigentlich bräuchte es gar kein Alleinsein zu geben. Man muss nur den Mut haben, aufeinander zuzugehen." „Aber wenn man doch seine Ruhe haben will", widersprach Wolfgang Block halbherzig. Der Mann neben ihm nickte bedächtig: „Sicher, seine Ruhe, die braucht man wohl. Aber die Unruhe in uns, die macht hart und bitter. Die wird uns erst genommen, wenn wir wieder zueinander finden." Einen Augenblick lang zögerte er, dann fügte er halblaut hinzu: „Oder vielleicht zu Gott?"
Wolfgang Block schwieg. Er hätte einiges entgegnen können,

argumentierend und logisch durchdacht. Aber seine rationale Betrachtungsweise schien auf seine heutigen Erfahrungen nicht zuzutreffen. Da war dieser merkwürdige Anruf, das Flötenspiel, die Begegnung auf dem Anleger und nun das gemeinsame Schweigen. Irgendwann stand er auf und ging, dem Alten war's recht. Sie verabschiedeten sich fast wie Freunde.

Die Johnsallee sah freundlicher aus als beim Hinweg, irgendwie wärmer. „Man müsste", dachte Block, während er seine Haustür aufschloss, „man müsste mehr miteinander reden, auch ohne Telefonanrufe, die keinen Absender haben." „Gesegnete Weihnachten!", sagte er, als er der Nachbarin von oben rechts auf der Treppe begegnete. Staunend blickte die ihm nach.

Geheimnis

Wenn die Verheißungen
der Propheten
die Erinnerungen der Kinderzeit
die Texte und Lieder
von Jesu Geburt
zusammentreffen
mit unserer Sehnsucht
nach dem ewigen Licht ...
dann kann das Geheimnis
der Christnacht
von Neuem in uns
lebendig werden

Weihnachten

Weihnachten auf der Elbe

Langsam tuckert das Kümo „Antje" elbabwärts in Richtung See. Ganz leise ist es an Deck, fast so, als schliefe alles. Arne Christensen, der Kapitän, steht am Ruder. An Steuerbord ziehen Övelgönne, Teufelsbrück und Blankenese vorbei. Die Häuser schmiegen sich an den Berg, durch die Fensterscheiben winkt ein warmer Schein zu ihm herüber. Auch leuchtende Tannenbäume kann er entdecken.
„Die machen sich das gemütlich zu Hause", geht es Kapitän Christensen durch den Kopf, und seine Augen wandern über das schwarze Wasser. „Antje" tuckert elbabwärts in Richtung See.
„Wenn man bloß kein Sturm aufzieht. Im Wetterbericht haben sie für heute scharfen Wind von Südwest angesagt ... Kann der Wind sich nicht wenigstens Weihnachten zur Ruhe

legen?" „Antje" tuckert elbabwärts in Richtung See.
Christensen summt. Die Lichter von Blankenese verschwimmen achteraus. Und immer noch brummt er in seinen Bart die Melodie. Ein altes Kirchenlied, das er schon von seinem Großvater gelernt hat:

Wie mit grimm'gen Unverstand,
Wellen sich bewegen!
Nirgends Rettung, nirgends Land
vor des Sturmwinds Schlägen.
Einer ist's, der in der Nacht,
einer ist's, der uns bewacht:
Christ Kyrie,
du wandelst auf der See.

Ein richtiger Weihnachtschoral will ihm gerade nicht einfallen. Aber ein bisschen von Weihnachten ist vielleicht doch drin. Lass man gut sein. „Antje" tuckert elbabwärts in Richtung See.

Zwischen Dankbarkeit und Neubeginn

Jahreswechsel

Zwischen den Jahren

Früher, als der Jahresanfang zwischen Weihnachten und Dreikönigstag noch sehr unterschiedlich festgelegt war, nannte man jene Zeitspanne „Zwischen den Jahren". Ich liebe diese heiligen zwölf Tage und ihre geheimnisvollen Nächte, die der Volksmund „Raunächte" nannte und mit allerlei Ängsten und Amuletten, Beschwörungen und Orakeln belegte. Erst die Christen brachten Licht in diese dunklen Nächte und setzten den Gespenstern und Dämonen die Botschaft der Geburt des Jesuskindes entgegen.

Ich halte mir diese Tage gern frei, weil sie voller Erinnerungen und Verheißungen sind. Es ist eine interessante Zeit zwischen „nicht mehr" und „noch nicht", zwischen Erinnern und Erwarten. Da blättere ich in meinem endenden Tagebuch, schaue Fotos an und halte Nachlese.

Zwölf Monate geliehener Zeit kehren heim zur Ewigkeit: Wie habe ich sie gefüllt, genutzt, was habe ich in den Sand gesetzt? Und: Habe ich eigentlich genügend wahrgenommen, wie viel Grund zur Dankbarkeit es gab?

Ein junges Ehepaar erzählte mir von einem schönen Brauch: Wann immer die beiden etwas Besonderes, Schönes, Erinnernswertes erleben, notieren sie das auf einem Zettel. Den legen sie in eine Schale auf der Fensterbank. Am Ende des Jahres sitzt das Paar vor seiner Schale voller Dankbarkeit, nimmt Zettel um Zettel heraus und erinnert sich an die gemeinsam erlebten positiven Momente.

Aber natürlich geht mein Blick auch nach vorn: Wie wird es weitergehen mit der Gesundheit, mit der Arbeit, der Liebe? Wie viele Jahre werden mir noch bleiben? Worauf bin ich neugierig? Wen werde ich kennenlernen, von wem werde ich mich verabschieden müssen? Wie wird das mal mit meinem Ende sein? Fragen zwischen Bangen und Hoffen. Zu Hause sangen wir manchmal:

Anbetend Herr wir singen
das Lied der Ewigkeit,
zu dir zurück wir bringen
die anvertraute Zeit.

Die Vorstellung gefällt mir: die anvertrauten, gefüllten zwölf Monate dem Schöpfer zurückgeben, ihn um Vergebung für das Alte und um Segen für das Neue bitten.

Jahreswechsel

Geheimnis und Chancen

Die anderen sind längst zu Bett gegangen, und auch für mich wird es eigentlich Zeit. Aber nach all den schönen, trubeligen, manchmal auch nervenden Tagen und Stunden kann ich diese Stille mit ihrem eigenen weihnachtlichen Duft endlich einmal für mich genießen. Im Halbdunkel erkenne ich die Geschenktische, im Hintergrund den dunklen Baum, der bis zur Decke reicht. Eine Kerze ist nicht ganz runtergebrannt, ich stehe auf und zünde sie an, ganz für mich allein. Ruhig steht die Flamme, spiegelt sich in den blauen Kugeln und wirft weiche, zitternde Schatten auf Wände und Möbel.
Habe den Kindern vorhin erzählt, dass Weihnachten längst nicht zu Ende ist, sondern bis zum 6. Januar geht. Dass die Tage und Nächte zwischen den Jahren ihre besonderen Geheimnisse und Chancen haben.

Die will auch ich nutzen als nachdenkliche und erfüllte Zeit. Wann sonst kann man innehalten und den Reiz zwischen Altem und Neuem spüren, zwischen Erinnerung und Vorschau, wenn nicht in diesen Tagen?

Ewige Geborgenheit

An diesen Abenden gehe ich gern durch die dunklen Wohnstraßen der Umgebung. Viele Eingangstüren sind weihnachtlich geschmückt, durch Fenster und Vorhänge erkenne ich Kerzen, Tannen, wärmende Lichter. Sie schimmern so anheimelnd, als seien die Probleme der Welt draußen vor der Tür geblieben. Als wäre es den Menschen tatsächlich gelungen, den Frieden, die Liebe und die Harmonie für ein paar Tage in ihre Stuben zu holen und füreinander zu bewahren.

Ich kenne die Menschen hinter den Scheiben und Gardinen nicht. Ich weiß nicht, wie viel Krankheit, Sorgen und Streit in ihren Wänden wohnen, ich will es gar nicht wissen. Ich möchte mir nur für einen Augenblick die Illusion bewahren, dass das Heil der Welt tatsächlich in diesen Häusern zu Hause ist.

Was ist der Impuls für unsre Lichter, Lieder und Feiern, was ist der tiefere Grund für diese sehnsüchtigen Weihnachtsversuche?
Ich bin überzeugt: In uns lebt die Ahnung von einer ewigen Geborgenheit. Sie gibt uns den Impuls, das himmlische Licht und Zuhause für ein paar Tage in unseren Häusern nachzuahmen. Ein paar Tage lang möchten wir uns ausmalen und gegenseitig vorspielen, wie die Freude und der Friede sind, die einmal für immer in unsere Herzen einziehen werden.

Ahnen und vertrauen

Ein kleines Kind erwacht in seinem Bettchen. Es ist allein im Zimmer, alles ist dunkel, Panik droht. Es weint und ruft nach seiner Mutter. Die kommt herein, nimmt das Kind auf den Arm und sagt die beruhigenden Worte: „Alles ist in Ordnung, alles ist gut!“ So erzählt es der Religionssoziologe Peter L. Berger, so trösten Mütter auf der ganzen Welt. Es wirkt; aber ist es auch wahr? Die Mutter weiß doch selbst, dass die Verhältnisse weder gut noch in Ordnung sind: weder was den Frieden noch das Klima noch die Armut betrifft. Darum fragt Peter L. Berger: Lügt eigentlich die Mutter, wenn sie sagt: Alles ist gut? Oder ahnen und vertrauen die Mütter darauf, dass es eine größere himmlische Geborgenheit gibt? Die ihnen erst die Kraft gibt für ihre kleinen Bemühungen, Trost und Geborgenheit zu vermitteln. Wo wir im Vertrauen auf jene große Geborgenheit leben, da haben wir noch keine Erklärungen für die schrecklichen Bilder und Probleme unserer Tage. Aber nun hat unsere Rat- und Hilflosigkeit eine vertrauenswürdige Adresse, zu der manche Mütter am Bett ihrer Kleinen beten:

Wolln Ängste mich verschlingen,
so lass die Engel singen:
Dies Kind soll unverletzet sein!

Echte Dankbarkeit

„Hast du den Dankesbrief an Tante Adelheid fertig? Heute setzt du dich ran!“ So großzügig Tante Adelheid war, so mühsam schrieben sich die Dankesbriefe, selten gerieten sie originell. Spielen war schöner.
Kinder lernen früh, was sich gehört: „Wie sagt man?“ „Danke!“, antwortet das wohlerzogene Kind, die Eltern nicken beifällig. Danken als Einübung in Höflichkeit.
Dabei wollen Psychologen herausgefunden haben, dass echte Dankbarkeit eine schützende und stabilisierende Funktion hat. Wer mit wertschätzendem Blick durchs Leben geht, soll zufriedener, glücklicher und sozialer sein als Menschen, die sich enttäuscht oder neidisch auf das konzentrieren, was sie nicht haben oder was andere besitzen.
Ich glaube, dass man Dankbarkeit bis zu einem gewissen Grad lernen kann.

So erinnere ich mich jeden Morgen an drei positive Erlebnisse, die ich tags zuvor hatte. Und danke dafür. Das übt meinen Blick für schöne Erfahrungen, für hilfreiche Menschen und stimmt mich insgesamt dankbarer.
Meister Eckart sagt: „Wäre das einzige Gebet, das du in deinem Leben sprichst, ein Danke!, es würde genügen.“

Eine gerade Linie

Kürzlich kam ich nicht umhin, mir eine neue Armbanduhr zu kaufen. „Wollen Sie eine mit Digitalanzeige oder mit Zifferblatt und Zeiger?“, fragte der Uhrmacher. Für mich gab’s keinen Zweifel: Ich brauche ein klares Zifferblatt und einen kreisenden Zeiger, damit ich schnell begreife, was die Uhr geschlagen hat. Da bin ich konservativ und erinnere mich an das alte Verständnis der zyklischen Zeit, wie sie von der Natur, den Jahreszeiten mit ihren Traditionen und den gemeinsamen Mahlzeiten der Familien bestimmt wurde. Da lebten wir einen gesunden Rhythmus. Da hatten wir Pausen zum Feiern und Durchatmen, und auch die Sonntage wurden heiliggehalten.
Doch kreisende Zeiger haben auch ihre Nachteile. Sie vermitteln den falschen Eindruck, die Zeit kehre stets

an ihren Ausgangspunkt zurück. An Geburtstagen und zu Silvester spüren wir aber, dass das nicht stimmt. Das alte Jahr läuft ein für alle Mal ab und fängt nie wieder von vorne an. Die Zeit ist eher wie eine gerade Linie in die Zukunft. Wer sich auf ihr vorwärtsbewegt, wird unwiderruflich älter, seine Lebenszeit wird knapper. Manche Menschen wollen das nicht wahrhaben und führen ihr Leben, als liefen sie im Kreis. Sie machen immer dieselben Fehler und fallen stets in die gleichen Löcher. Schade, denn wir haben die Chance, aus unseren Fehlern zu lernen und uns zu verändern. Ich will mich darum bemühen, aber ich weiß auch, dass vieles wie Gesundheit, Freundschaft und Liebe letztlich nicht machbar ist. Dennoch werde ich mich nicht vor dem neuen Jahr fürchten. Ich halte mich lieber an die Worte einer chinesischen Christin, die erzählt:

Ich sagte zu dem Engel,
der an der Pforte
des neuen Jahres stand:
Gib mir ein Licht,
damit ich sicheren Fußes
der Ungewissheit
entgegensehen kann.
Aber er antwortete:
Geh nur hinein
in die Dunkelheit
und lege deine Hand
in die Hand Gottes.
Das ist besser
als ein Licht
und sicherer als
ein bekannter Weg.

Jahreswechsel

Mal was anderes

„Guten Rutsch!“, ruft man beim Schlachter, beim Bäcker, auf der Straße, oder „Komm gut rein!“. Sonderlich originell finde ich solche Wünsche nicht, für mich klingen sie eher etwas hilflos.
Schmunzeln muss ich dagegen über die Erklärungsversuche, die den „guten Rutsch“ auf das hebräische Wort Rosch zurückführen. Es bezeichnet den Anfang eines Monats oder eines Jahres, der nach dem jiddischen Wunsch „a gut Rosch“ gelingen soll. Daher dürfte der gute Rutsch eher als der gute Beginn des neuen Jahres zu verstehen sein.
Auch der Wunsch „Hals- und Beinbruch“ kommt aus dem Hebräischen und meint keineswegs, dass der Angesprochene sich Hals und Beine brechen soll. Das hebräische „Hazlacha we beracha“, in der Umgangssprache „Haslocho

we Brocho", heißt vielmehr: Glück und Segen. Ein frommer Wunsch also, den wir manchmal gut brauchen könnten.
Niemand hindert mich daran, dem Schlachter, dem Bäcker oder der Nachbarin auf der Straße ein gesegnetes neues Jahr zu wünschen. Das geht nicht so leicht über die Lippen, aber einen Versuch wäre es allemal wert.

Erste Schritte

Als die Dämmerung anbrach, machte sich Holger Bender auf den Weg zum Glascontainer. Die vier Taschen und Tüten zogen schwer an Händen und Armen, die Weinflaschen klirrten leise bei jedem Schritt. Er wählte den Weg durch den kleinen Park und hoffte, möglichst wenige Bekannte zu treffen. Lieber begegnet man sich mit vollen Flaschen, etwa nach dem Einkaufen, mit den Kindern oder mit dem Hund. Da kann man über Dinge reden, die vor einem liegen, über Schule, Wetter und Feste.
Leere Flaschen sind kein guter Gesprächsstoff, dachte er und erinnerte sich an die Familienszene vorhin in der Küche. Seine Frau war gegen eine Flasche gestoßen und schimpfte: „Müssen die auch überall rumstehen? Du könntest ja auch mal zum Container fahren!“ „Wer von uns ist denn ständig mit dem Auto

unterwegs?“, gab er zurück. „Und wer von uns trinkt am meisten?“, konterte sie. Das war nicht fair, aber natürlich wahr. Ich trinke in der letzten Zeit tatsächlich zu viel, dachte er, und Christa zieht nach Kräften mit.

Von Genuss und Wohlbefinden kann man bei uns kaum noch sprechen, eher von Aggressionen und Katerstimmung.

Er bog in eine Wohnstraße ein, es fing an zu schneien. Zwei junge Männer trugen aus einem Auto volle Bierkästen ins Haus, die Silvesterfeier wurde vorbereitet. In ihrer Plastiktüte waren sicher auch Knaller und Leuchtkörper. Alle Jahre wieder.

Die Flaschen wurden ihm allmählich schwer. Aber als Christa mit dem Auto fortmusste, hatte er spontan beschlossen, reinen Tisch zu machen, auch zu Fuß. Schaden konnte ihm der Fußweg sicher nicht, auch wenn seine Arme nun immer länger

wurden. Noch bis zur Ampel und dann 200 Meter geradeaus. Vorsätze fielen ihm ein, gute Vorsätze, wie jedes Jahr. Mit Alkohol und Ehe hingen sie zusammen, mit Gesprächen und Ehrlichkeit. Als er gerade kritisch mit sich ins Gericht ging, riss die eine Tüte. Klirrend zersplitterten Flaschen auf dem Gehweg. „Mist!“, entfuhr es ihm, und „Prost Neujahr!“ rief es von irgendwo, aber er konnte niemanden sehen. Es war ihm peinlich. Er schob die Scherben mit dem Fuß zusammen, nun würde er zweimal zum Container gehen müssen.
„Das fängt ja gut an“, meinte ein Passant, und Holger musste etwas lachen. Wenn Scherben Glück brächten, hätte er nun genug davon. Aber darauf wollte er sich nicht verlassen.
Auf dem Rückweg spürte er Erleichterung. Die Schneedecke war dichter geworden, die ersten Schritte waren getan.

Jahreswechsel

Ein Engel in der Silvesternacht

Als er den Ehekrach geschlichtet hatte, verließ er das Haus, so unbemerkt, wie er gekommen war. Draußen empfing ihn lautes Krachen und Heulen, die Luft roch nach Alkohol und Schwefel. „Wovor sie sich nur fürchten?“, dachte der Engel und beschloss, ein Taxi zu nehmen. Aber man findet kein Taxi eine halbe Stunde vor Jahreswechsel, erst recht kein leeres.

So stand er etwas verloren an der Kreuzung Weidenallee/Schäferkampsallee, im Hintergrund die dunklen Umrisse der Christuskirche. „Weiden“, „Schäfer“, „Christus“ – schöne Namen hatten die Hamburger ausgewählt, doch in dieser Nacht schienen sie kaum daran zu denken. Vier junge Leute zogen singend und rufend über den Zebrastreifen, eine Flasche rollte

über das Pflaster. Vom Kirchturm schlug es viertel vor zwölf. „Alles, was heilig ist", dachte der Engel, „aber auch unsereins braucht den Schritt der Zeiten nicht auf einer öden Straßenkreuzung zu erleben!"
Er zog seinen Mantel fester und überquerte die Straße in Richtung Schlump. Zur Linken die Jerusalemkirche, vorn tauchte der U-Bahnhof auf. Er schritt die Stufen hinab, unten wehte ein kalter Wind. Lange brauchte er nicht zu warten, ein Zug lief ein. Das Abteil war leer, ein paar Luftschlangen hingen über den Sitzen.
Er stellte sich an die Tür und blickte hinaus. Im Bahnhof Hoheluft schlief ein Mann auf einer Bank. Der Zug fuhr wieder an, kroch die Stelzenstrecke der Isestraße entlang. Die Wohnungen waren erleuchtet, er konnte in die Zimmer sehen. Die Bewohner waren auf die Balkone getreten, festlich gekleidet, Gläser in

der Hand. In gespannter Erwartung blickten sie zum nächtlichen Himmel. „Als warteten sie auf den Herrn der Zeit“, dachte er und beobachtete, wie Raketen aufstiegen, leuchtende Sterne versprühten, um dann im Dunkeln zu erlöschen.
„Prost Neujahr!“, wünschte der U-Bahn-Fahrer durch den Lautsprecher, vom Klosterstern wehte Glockengeläut herüber.
„Gesegnetes Neujahr“, antwortete er leise. Keiner konnte es hören, aber es schwebte über der Stadt wie eine Verheißung.

Jahreswechsel

Unser Weg zum Weihnachtsstern

Kamel nennen mich die einen, Dromedar die anderen. Wieder andere finden klingende, lyrische Namen, und alle meinen, mich zu kennen. Wie es aber ist, den Sand unter den Hufen zu spüren, in milde schaukelndem Schritt die Weite zu gewinnen und in der Kühle des Abends den Himmel zu fühlen, das wissen sie nicht.

Häufiger rufen die Treiber ihr hektisches „Heik! Heik!“, der Weg wird steiniger. Dornenbüsche und Disteln säumen die alte Karawanenstraße. Verdorrte Gräser. Dann wieder finde ich Schneckenklee und wilde Levkojen, ein annehmbarer Fraß. Der alte Mann auf meinem Rücken ist eingenickt, wie schon so oft. Ab und zu schreckt er auf und sucht den Himmel ab, als ob er den Stern verlieren könnte, seinen Stern. Die drei reden ja von nichts anderem, und das schon seit sieben Wochen. Da ist von einem tönernen Sternenkalender die Rede, von Bewegungen am Himmel und bevorstehenden Ereignissen. „Wenn sich der Stern der Endzeit mit dem Planeten im Westen vereint, wird dort der Herrscher aller Zeiten geboren", sagt Melchior manchmal eindringlich und schaut die anderen beschwörend an. Und dann blicken sie wieder gemeinsam nach oben. Ich verstehe nichts davon, aber ich höre an ihren Stimmen, dass ihre Spannung steigt und ihre Neugierde auf den jüdischen König, dessen Geburt sie am Himmel entdeckt haben wollen.

Oft übernachten wir auf dem Felde. Wenn wir aber in den Innenhöfen einer Karawanserei liegen, dann sehe ich manchmal, wie sich der Alte oben in seinem Schlafgemach erhebt.

In seinem gelben Gewand tritt er auf die Galerie hinaus und schaut gebannt auf den Stern. Lange Zeit steht er da, in sich versunken wie eine Statue. Feierlich und still ist es ringsum, bis auf das Lastkamel El Aschal, das neben mir vor sich hinbrummt, und seinen Neffen El Chasid, der sein gedämpftes Gurgeln anstimmt. Ich möchte dem Melchior wünschen, dass seine Beobachtungen wahr sind und dass er sein Ziel erreicht. An mir sollen seine Träume nicht scheitern.

Mit Städten habe ich eigentlich nicht viel am Huf, aber Jerusalem, das ist schon eine besondere Stadt! Schon von ferne leuchten die hochgebauten Stadtmauern herüber, die Umrisse des Königspalastes mit seinem aufragenden Turm und die gewaltige Baustelle des Tempels. Kaum merklich beschleunigt unsere Karawane den Schritt. „Tscha!

Tscha!“, rufen die Treiber und versuchen vergeblich, uns zum Galopp anzutreiben. Kaum erreichen wir die Stadtmauer, erregen wir bereits Aufsehen. Leute strömen zusammen. Selbst die Bauarbeiter am Tempel lassen für einen Hammerschlag ihre Arbeit ruhen. Ehrenvoll der Empfang im Palast des Herodes! Großzügig werden wir im königlichen Stall behandelt: Man reibt uns mit Olivenöl ab, mischt wohlschmeckende Gerstengrütze ins Futter und behängt uns sogar mit buntem Leder. Unseren Sterndeutern geht's sicher ähnlich. Wenn ich sie sehe, tragen sie ein geschmeicheltes Lächeln zur Schau, aber finden sie hier die Erfüllung ihrer Wünsche? Ich habe Zweifel. Am Himmel mögen sie sich ja auskennen, aber von Menschen verstehen sie offenbar weniger.

Man sieht und hört im Stall nämlich einiges, und das hört sich nicht gut

an. König Herodes soll ein schlimmer Bluthund sein, erzählt man. Gerade ließ er zwei seiner Söhne erdrosseln, und das mit Billigung des Kaisers Augustus! Folter, Feuersbrände und Hinrichtungen scheinen seinen Weg zu pflastern. Ich rieche geradezu das Misstrauen, das hier in den Mauern nistet. Womöglich lässt er auch noch Kamele schlachten, um ihr Fleisch an die Fremdarbeiter des Tempels zu verkaufen?
Beunruhigend auch, was man sich von den Pharisäern erzählt: Einige hätten die Geburt eines Wunderkönigs vorausgesagt und würden nun dafür verfolgt. Ob das mit Melchiors Beobachtungen zusammenhängt? Mir ist nicht wohl zumute, und die königliche Gerste schmeckt mir gar nicht mehr so gut ...

Tags darauf kommt Leben in den Stall. Proviant wird herangeschleppt, Wasserschläuche aus Ziegenhäuten.

Erst am späten Nachmittag brechen wir auf, endlich! Zu einem Marktflecken gar nicht weit von hier soll es gehen. „Bethlehem“, den Namen habe ich noch nie gehört. Als wir aber die Stadtmauern hinter uns haben, den hohen Tempelberg im Rücken, wird mir wohler ums Herz. Endlich wieder frei atmen können, frei schauen und schreiten, im wiegenden Rhythmus durch das schöne Tal. Ein herrlicher Abend, die Luft ist rein und nicht mehr heiß. Zur Linken im zarten Dunst der Ferne bläuliche Bergzüge, dicht neben uns das Grün der Feigen- und Olivenbäume. Auch Melchior ist aufgeräumt, er hört gar nicht auf zu reden. Die Schriftgelehrten des Herodes haben offenbar in heiligen Büchern gesucht und die alten Weissagungen der Propheten befragt. Dabei sind sie auf die Verheißungen eines gewissen Micha gestoßen, Melchior kann sie inzwischen auswendig: „Du aber, Bethlehem, du kleinste unter den Städten Judas, aus dir soll hervorgehen der Herrscher Israels, dessen Herkunft von Ewigkeit her war.“ Bethlehem also, von mir aus auch Bethlehem. Ein ehrliches Nest voller Dreck ist mir allemal lieber als ein Palast voller Hass.

Die Schatten werden länger. Ab und zu ein Brunnen, ein Haus. Wir kommen auf dem Hochgebirgsrücken nur langsam voran.
Als der Abend hereinbricht, haben sie ihn endlich wieder, ihren Stern, klarer als je zuvor. Da liegt auch schon Bethlehem, ein Haufen Lehmwände und Flachdächer. Die Kunde von unserem Kommen ist uns vorausgeeilt. Auf dem Marktplatz herrscht Aufregung. Überall Hunde, Ziegen und Menschen. Auch Neugeborene sind dabei, klein und krähend, eines gleicht dem anderen. Die Sterndeuter sind ratlos. Sie

hasten von einem zum anderen, befragen die Eltern. Der neue König ist nicht dabei, das spüre ich gleich. Melchior bekommt hektische Flecken im Gesicht, und der Stern verschwindet hinter einer Wolkenwand. Was nun? Die Weisen steigen wieder auf, die Karawane zieht weiter. Aber wohin?
Doch dann entdecke ich am Ortsrand jenen Stall, nicht bedeutend zwar, eher schäbig. Kein König würde je seinen Fuß da hineinsetzen. Aber ich spüre, dass dort etwas Besonderes geschieht: Das Licht fällt so wärmend aus dem Tor, die Hirten davor sehen richtig andächtig aus.
„Da ist er wieder, unser Königsstern!" Melchiors Stimme klingt heiser vor Aufregung: „Meine Sehnsucht, die weite Reise ...", flüstert er und wendet sich um: „Schnell, die Geschenke!" Das Tor schwenkt auf. Das Lastkamel El Chasid gurgelt vor Freude. Nein,

hier wird man uns nicht mit Olivenöl abreiben, hier mischt man uns keine Leckerbissen ins Futter. Aber hier riecht es nach Nestwärme und Vertrauen, hier schmeckt es nach Frieden, nach Erlösung. Ich falle in die Knie, bevor Melchior etwas sagt.

Jahreswechsel

Quellennachweis

Viele meiner Beiträge in diesem Buches standen zunächst als Kolumnen in den Zeitungen „Hamburger Abendblatt“ oder „Bild Hamburg“, einige Geschichten, wie auch die Reportage auf Seite 16 stammen aus dem Hamburger Magazin „Blickpunkt Kirche“. Die Artikel der Seiten 62, 64, 72, 80, 100, 123, 146, 152 und 158 stammen aus dem Kalender „Der andere Advent“, dort aus den Jahrgängen 1999-2009.
Die Beiträge der Seiten 40 und 148 sind dem Buch „ach! Das kleine Buch vom großen Staunen“ entnommen, erschienen bei Andere Zeiten e. V. Hamburg, 3. Auflage 2010.
Die Geschichte auf Seite 54 dem Buch „Ich geb' dir einen Engel mit ... Erfahrungen mit einem Symbol“ entnommen, ebenfalls erschienen bei Andere Zeiten e.V. Hamburg,

6. Auflage 2010. Diese Bücher sind zu beziehen bei Andere Zeiten, Fischers Allee 18, 22763 Hamburg – www.anderezeiten.de, Tel.: 040-47112727

Die Herkunft des vom Buchautor zitierten Gedichts auf Seite 156 war trotz gründlicher Recherche nicht auszumachen. Für Hinweise sind wir dankbar.

Herder spektrum Band 6730

MIX
Papier aus verantwortungsvollen Quellen
FSC® C083411
FSC
www.fsc.org

Titel der Originalausgabe: Schick deine leisen Boten.
Die besondere Zeit von Advent bis Heilige Drei Könige
© Kreuz Verlag in der Verlag Herder GmbH,
Freiburg im Breisgau 2010
ISBN 978-3-7831-8048-0

© Verlag Herder GmbH, Freiburg im Breisgau 2014
Alle Rechte vorbehalten
www.herder.de

Umschlaggestaltung: Designbüro Gestaltungssaal
Umschlagmotiv: © yevgeniy 11 – Fotolia.com

Innengestaltung und Satz: agentur IDee
Herstellung: CPI books GmbH, Leck

Printed in Germany
978-3-451-06730-3